고끼리 M과 함께 지속 가능한

성장의 길을 걷기를 바라는 마음으로

이 책을 _____ 에게 드립니다.

_____ 드림

코끼리 M의 이야기

지속 가능한 성장의 길을 찾아서

하늘나라로 가신 사랑하는
아버지에게 이 책을 바친다.

어느 고요한 밤, 출생의 비밀을 갖고 태어난 코끼리 M은 밤하늘에 반짝이는 폴라리스를 바라보면서 간절히 기도하고 있었다. 길을 잃고 방황하는 자신의 인생에 폴라리스 같은 존재가 나타나 안내자가 되어 주기를 바랐다. 갑자기 "사람 살려요!"라는 작지만 긴박한 목소리를 듣고 생명의 위험에 처한 달팽이 S를 구해 주게 된다. 달팽이 S는 은혜에 보답하기 위해 코끼리 M에게 하루 여행을 제안한다. 이 특별한 여정에서 코끼리 M은 달팽이 S를 포함한 다섯 명의 스승을 만나게 된다. 달팽이 S, 여우 F, 호랑이 T, 흰토끼 R과 파랑 나비 B는 코끼리 M이 스스로 13개 인생 문제들에 대한 답을 찾을 수 있도록 안내를 해 준다.

M은 '나' 자신을 포함한 우주 만물, 즉 인식의 주체이자 대상들을 상징한다. 예를 들어, 인간, 모델, 미션, 메커니즘, 경영, 돈, 미디어, 기계, 매트릭스, 메타 등이 있다. 꼭 M으로 시작하지 않아도 좋다. 왜냐하면 인간이든 사물이든 간에 모두 생, 노, 병, 사의 생명 주기를 갖고 있기 때문이다. '달팽이 S와 그의 친구들'은 황금 나선이라는 우주 만물(Φ, ϕ)이 공유하고 있는 네 개(1, 2, 3, ∞)의 생명 주기에서 단계별 존재 패턴이자 성장 법칙을 상징한다.

코끼리 M과 함께하는 이 특별한 하루 동안의 여정을 통해 독자들은 '나'는 누구인가라는 질문을 포함한 13개의 인생 문제들에 대한 답을 찾을 수 있는 단순하고 아름답고 우아한 패턴과 법칙을 배우게 된다. 또한 코끼리 M의 이야기를 통해 독자들은 그 어떤 불확실하고 복잡하며 역동적으로 변화하는 상황에서도 '나'라는 정체성 지도와 황금 나침판을 가지고 자신만의 유니크한 황금 나선의 지속 가능한 성장의 길을 찾는 지혜를 배우게 될 것이다.

차례

*

출생의 비밀

코끼리 M은 누구인가?

코끼리 한 마리가 살고 있다. 누구도 그의 출생에 대해 아는 바가 없었다.

'21세기 서커스단'의 단장은 출생의 비밀을 갖고 태어난 이 코끼리에게 미스터리(Mystery)라는 단어의 첫 대문자에서 따온 M으로 이름을 지어 주었다. 이 코끼리는 자신이 '수수께끼 같은' 또는 '불가사의한' 존재로 취급받는 것이 싫었다. 사람들이 자신을 M이라고 부를 때 그는 미스터리 M 대신 매직(Magic) M이라고 생각하기로 했다. '마법 같은' 또는 '아주 특별한' 존재라는 의미가 훨씬 더 마음에 들었기 때문이다.

미스터리 M이라고 생각하면 우울한 기분이 들었지만, 신기하게도 매직 M이라고 생각하면 기분이 마술처럼 좋아졌다. 코끼리 M은 하루에도 이 두 이름 사이를 수도 없이 왔다 갔다 했다. 특히 낮에 많은 사람 앞에서 서커스 공연을 하다 보면 사람들의 다양한 평가로 인해 미스터리 M이라는 생각이 더 많이 들었다. 반면에 밤에 조용히 혼자 있을 때면 코끼리 M은 밤하늘에서 반짝이는 폴라리스를 보면서 자신을 유니크한 매직 M이라고 생각했다. 매일 천국과 지옥을 왔다 갔다 하는 그런 기분이라고 할까?! 때문에 마음 깊숙한 곳에서는 아래와 같은 질문이 계속 메아리치며 울려 퍼졌다.

"나는 미스터리 M인가, 아니면 매직 M인가?"

코끼리 M은 너무나도 다른 이 두 이름 사이에서 자신이 누구인지 몰라 고통을 받으며, 이것이 결국 출생의 비밀을 모르기 때문이라고 생각했다. 코끼리 M은 만약 자신에게 기회가 주어진다면 어떠한 대가를 치르더라도 출생의 비밀을 밝혀내겠다고 결심했다.

기다리고 기다리던 기회가 드디어 코끼리 M에게 찾아왔다. 서커스 공연을 보러 온 한 어린이와 엄마의 대화로부터 M은 〈덤보〉라는 영화가 절찬 상영 중이라는 소식을 듣게 되었다. 관객들의 함성 속에 묻혀 대화 내용이 잘 들리지 않았지만, 코끼리 M은 그들이 나눈 짧은 대화로부터 이 영화의 주인공인 남다른 귀를 가지고 태어난 덤보라는 특별한 코끼리의 이야기가 출생의 비밀을 해결할 수 있는 열쇠가 될 것이라고 확신했다.

그날 저녁, 코끼리 M은 〈덤보〉라는 영화가 하늘이 자신에게 준 유일한 기회이자 마지막 기회가 될 수 있다는 생각에 큰 용기를 내어 영화 관람을 위한 담대한 계획을 행동으로 옮겼다. 이 용기 있는 모험은 코끼리 M에게 두 번의 놀라움을 선사했다. 자신을 묶고 있던 얇은 밧줄과 빈약한 말뚝을 너무 쉽게 벗어날 수 있다는 사실에 한 번 놀랐고, 이렇게 큰 덩치를 갖고 있는 자신을 영화관으로 가는 길에서나 영화관 안에서 어느 누구도 신경 쓰지 않는다는 사실에 또 한 번 크게 놀랐다. 꿈에서도 상상하지 못했던 일들이 의외로 쉽게 해결되는 바람에 코끼리 M은 어리둥절했다.

모든 위험을 무릅쓰고 영화를 보는 데 성공했지만, 아쉽게도 기대와 현실 사이에는 항상 괴리가 존재했다. 영화를 본 코끼리 M은 〈덤보〉의 이야기가 결코 자신의 이야기가 될 수 없다는 것을 확인하게 되었다. 기대했던 출생의 비밀과 인생 문제들에 대해 명쾌한 해답을 주지 못한다는 사실도 깨달았다. 실망할 법도 한데 그렇지 않았다. 코끼리 M에게 뜻밖의 선물이 있었기 때문이다. 그날 밤 코끼리 M은 처음으로 밧줄과 말뚝의 구속으로부터 벗어나 '나'를 찾기 위해 어디든 다닐 수 있다는 사실을 깨달았던 것이다. 의도치 않았던 이 발견은 코끼리 M에게 마치 콜럼버스가 아메리카 신대륙을 처음 발견한 것처럼 새로운 세상으로 향하는 문을 열어 주었다.

며칠 후, 코끼리 M은 『어린 왕자』라는 책을 읽기 위해 부근의 도서관에 다녀오는 것을 한 번 더 시도해 보았다. 코끼리 M은 도서관으로 가는 길에서나 도서관 안에서 사람들이 여전히 자신을 무시하는 것을 보고, 그들이 보지 못하는 것인지, 아니면 보이는데도 아는 척하지 않는 것인지 도무지 분간할 수 없었다. 어떤 이유든 간에 사람들의 그러한 태도가 썩 마음에 들지는 않았지만, 덕분에 그 많은 회의실, 강의실, 도서관, 영화관과 박물관을 마음대로 다닐 수 있다고 생각하니 오히려 잘된 일이라고 생각했다.

코끼리 M은 이렇게 4년간 밤이면 밤마다 하루도 빠짐없이 자신의 출생과 관련된 궁금증에 해답이 되어 줄 것 같은 책, 영화, 역사 기록물이 있는 곳이면 어디든 달려갔다. 특히 원작 소설을 바탕으로 한 애니메이션 영화를 좋아했다. 책도 읽을 수 있고 영화도 볼 수 있는 '어린 왕자', 『파이 이야기』라는 원작 소설에 의해 만들어진 〈라이프 오브 파이〉라는 영화, 소설 『이상한 나라의 앨리스』와 영화 〈이상한 나라의 앨리스〉 등등을 보고 또 보았다. 이외에도 인물 전기나, 신학, 철학, 수학, 물리학, 경영학, 심리학과 사회학 등 분야를 막론하고 무릇 자신의 출생 비밀과 관련이 있다면 무엇이든 닥치는 대로 공부했다.

그러던 어느 날, 코끼리 M은 도서관에서 자신의 조상에 관한 그 유명한 이야기를 읽게 되었다. 바로 '장님이 코끼리를 만진 이야기'이다. 아시다시피 아주 먼 옛날 장님들은 코끼리에 대해 각자 자신이 만신 부위에 따라 무, 키, 커다란 절구공, 평상, 장독, 굵은 밧줄이라는 이름들을 지어 주었다. 이에 대해 왕은 "여섯 장님이 제각기 자기가 알고 있는 것만을 코끼리로 알고 있으면서도 조금도 부끄러워하지 않는구나. 진리를 아는 것도 또한 이와 같은 것이니라."라는 훈계를 준 이야기이다.

코끼리 M은 자신의 조상도 자신과 비슷한 경험을 가지고 있었다는 사실을 알고 한편으로 큰 위로를 받았지만, 다른 한편으로는 절망감이 엄습해 오기 시작했다. 왜냐하면 먼 옛날 자신의 조상도 분명히 사람들이 마음대로 지어 준 이름들로 인해 같은 고민을 했을 텐데, 왜 몇천 년이나 지난 지금 본인이 아직도 출생의 비밀 때문에 고통을 받아야 하는지 이해할 수 없었기 때문이다. 이 문제가 만약 몇천 년 동안 미결된 사건이라면, '나는 누구인가'라는 질문에 대한 답을 찾을 수 있을지 코끼리 M은 강한 회의감과 엄청난 좌절감을 함께 느꼈다.

과연 코끼리는 무엇이고 나의 진정한 이름 M 또한 무엇인지? '나'는 누구이고 진리 또한 무엇인지? ……

꼬리에 꼬리를 물고 나타나는 이 일련의 질문들은 코끼리 M으로 하여금 출생의 비밀이 결국 '나'는 누구이고 '진리'가 무엇인가라는 질문들과 관련되어 있음을 알게 하였다. 한마디로, 코끼리 M은 과연 누구인가? 이것이 코끼리 M이 가장 궁금했던 질문이었다. 하지만 이 질문에 대한 답을 찾는 것이 불가능에 가깝다는 생각이 들자 충격이 꽤나 컸던 모양이다. 코끼리 M은 사람들이 처음 자신에게 지어 준 그 이름처럼 '어디서 왔고, 지금 왜 여기 있으며, 어디로 가야 하는지'도 모르는 미스터리 M이 맞다고 생각하니 앞길이 막막해지고 삶의 의욕마저 사라졌다.

이제야 코끼리 M은 그동안 회의실에서, 강의실에서, 도서관에서, 영화관에서, 그리고 박물관에서 왜 사람들이 자신을 보고도 못 본 것처럼 무시해 왔는지를 조금은 이해할 것만 같았다. 어차피 해결할 수 없는 출생의 비밀을 갖고 있는 이 코끼리 M을 이야기하거나 아는 체해 본들 별 도움이 안 된다고 생각했던 것이다.

혼란과 공허감이 쓰나미처럼 밀려오는 어두운 밤이 되면, 갈 길을 잃은 코끼리 M은 더 이상 사람들이 많이 모이는 방으로 가지 않고 사람들이 별로 찾지 않는 동산으로 가서 밤하늘을 아름답게 수놓은 은하수를 바라보면서 본인이 직면한 인생 문제들에 대한 고민을 하기 시작했다. 하지만 코끼리 M은 생각하면 생각할수록 깊이를 알 수 없는 블랙홀 속으로 깊이 빠져들어 가고 있다는 느낌이 들었다. 너무 어둡고 아무런 희망도 보이지 않아 상황이 점점 더 절망적으로 다가왔다.

짙은 어둠 속에서 폴라리스는 그날따라 더 밝게 빛나고 있었다. 매일 서커스단 집으로 돌아가는 길을 안내해 주는 그 폴라리스를 바라보면서 코끼리 M은 현재 처해 있는 상황에서 자신을 해방시켜 줄 수 있고 인생의 방향을 제시해 주며 희망의 빛이 되어 줄 수 있는 '폴라리스'가 나타나게 해 달라고 간절하게 기도하기 시작했다. 얼마나 간절했던지 코끼리 M은 기진맥진할 때까지 기도를 멈추지 않았다.

*
* 특별한 하루

Φ 달팽이의 '나'로 돌아가기

이때, 갑자기 작지만 긴박한 목소리가 들려왔다.

"사람 살려요! 사람 살려요! 사람 살려요!"

코끼리 M은 황급히 눈을 뜨고 자세히 살펴보았다. 달팽이 한 마리가 생쥐에게 붙잡혀 잡아 먹히려 하는 급박한 상황이었다. 평상시라면 코끼리 M도 생쥐가 두려워 도망쳤겠지만, 그 순간만큼은 예외였다. 달팽이의 등에 있는 황금색 패각이 코끼리 M의 눈을 사로잡았던 것이다. 마치 그가 보면서 기도했던 폴라리스처럼 반짝반짝 빛나고 있었다. 어디서 생긴 용기인지 모르지만 코끼리 M은 생각할 겨를도 없이 생명의 위험을 무릅쓰고 젖 먹던 힘까지 다해 자신의 기나긴 코를 힘껏 휘둘렀다. 갑작스러운 공격에 속수무책으로 당한 생쥐는 겨우 목숨만 부지한 채로 도망가 버렸다.

이미 죽은 목숨이나 마찬가지라고 생각했던 달팽이는 자신이 아직 살아 있다는 사실이 좀처럼 믿기지 않았던 모양이다. 한참 후에야 정신을 차린 달팽이는 코끼리 M에게 감사를 표했다.

"난 달팽이 S라고 하네. 자네가 이 늙은 목숨을 구해 줘서 너무 고맙네!"

"별말씀을요. 달팽이 선생님! 저는 코끼리 M이라고 합니다. 어린 제가 겁도 없이 감히 혼자서 생쥐를 상대하다니… 아마 제정신이 아니었나 봅니다."

"자네 용기가 대단한 거지!"

달팽이 S도 생쥐가 코끼리 M에게 무서운 존재라는 것을 잘 알고 있었다.

"이러고 보니, 우린 공통의 천적을 갖고 있어 친구가 될 수 있겠군. 아니, 친구이기 전에 내 생명의 은인이지. 비록 나는 지금 나이가 들어 눈도 잘 안 보이고 살날도 얼마 남지 않았지만, 죽기 전에 꼭 해야 할 일 하나가 남아 있어 살려 달라고 간절하게 부르짖었다네. 이 늦은 밤에 자네가 나타나 날 살려 줄 것이라고는 꿈에도 생각하지 못했네. 이 은혜를 어떻게 갚아야 할지 모르겠지만, 도움이 필요한 것 있으면 무엇이든 말해 보게!"

달팽이 S는 자신이 꼭 해야 할 일을 못 한 채로 이 세상을 떠났더라면 죽어도 누을 감을 수 없었을 것이다. 그런데 이렇게 기적처럼 다시 살아났으니 얼마나 감사한 일인가?!

"달팽이 선생님, 그런 말씀 마세요. 선생님께서 등에 지고 있는 황금색으로 된 물건이 제가 조금 전에 기도할 때 보았던 폴라리스처럼 갑자기 빛이 나는 바람에 얼떨결에 한 행동이니 너무 고마워하지 않으셔도 됩니다. 그런데 제가 궁금한 것은 그 물건이 보기에는 참 예쁜데 선생님이 지고 다니기에는 너무 무거워 보입니다. 왜 그 무거운 짐을 항상 지고 다니시죠? 그리고 눈도 잘 보지 못하신다고 하셨는데, 이 어두운 밤에 어디로 가고 있는지요? 만약 괜찮으시면, 제가 선생님을 모셔다드리겠습니다. 목적지가 어디시죠?"

코끼리 M은 무엇보다 달팽이 S의 등에서 자신을 향해 반짝였던 그 '무거운 짐'이 계속 신경 쓰였다.

"자네의 그 마음이 참으로 기특하군. 내가 아직 생명을 구해 준 은혜를 갚기도 전에 자네는 나에게 또 도움을 베풀려고 하다니. 하지만 내 등의 이 물건에 대해서는 걱정하지 않아도 될 것 같네. 인생이란 본래 무거운 짐을 지고 먼 길을 가는 것이니 서두르지 말라는 말이 있다네. 인생을 다 살고 보니 목적지가 그렇게 먼 곳에 있는 것이 아니라네. 내가 깨달은 바는 나의 목적지가 '그때, 거기'이자, 바로 '지금, 여기'라는 점이네. 즉, 내가 지고 있는 무거운 짐이 바로 '나'이고 나의 목적지이자 내가 가야 할 길이란 것을 깨달았네. 때문에 지금 내가 걷고 있는 이 삶의 길이 결코 힘들지는 않다네. 나는 내가 깨달은 바를 죽기 전에 책으로 정리하기 위해 영감을 찾고자 산책을 나왔는데 갑자기 생쥐를 만나게 되어 오늘이 나의 마지막 날이 될 줄 알았다네! 그런데 자네가 한밤중에 여기에 갑자기 나타날 줄이야!"

달팽이 S도 어린 코끼리 M과의 만남이 신기하기만 했다. 그리고 어린 그가 왜 한밤중에 집에서 잠을 자지 않고 폴라리스를 보면서 기도를 하고 있고 또한 그 기도 내용이 무엇인지도 궁금해졌다.

"난 그렇다 치고, 그럼 자네는 집이 어딘가? 자네는 왜 이 한밤중에 집에 있지 않고 지금, 여기에서 폴라리스를 보면서 기도하고 있었는가?"

코끼리 M은 달팽이 S의 이 두 질문에 당황한 기색을 감출 수가 없었다. 자신의 집이 서커스단이라는 것을 너무 잘 알고 있지만, 왜 집으로 가지 않고 '지금, 여기'에 있느냐는 질문을 포함해 일련의 인생 문제들에 대한 답을 구하기 위해 간절히 기도하고 있었기에 어떻게 대답해야 할지 몰라 선뜻 입을 열 수 없었다. 숨기려고 노력할수록 자기도 모르게 깊은 한숨이 나왔고 그와 함께 표정도 어두워졌다.

달팽이 S는 코끼리 M의 우울하면서도 혼란스럽고, 그리고 심하게 요동치는 그 마음을 온몸으로 느끼다가 무엇을 깨달았다는 듯이 고개를 살짝 끄덕이며 코끼리 M에게 다시 말을 건넸다.

"대답을 못 하는 것을 보니 이 한밤중에 길을 잃은 모양인데 무슨 대단한 생각들을 하고 있길래 얼굴 표정이 그렇지?! 그 엄청난 고민들을 나에게 이야기해 줄 수 없는가?"

비록 덩치는 자기보다 훨씬 작지만, 코끼리 M은 이 작은 달팽이 S와의 극적인 만남과 이해하기 어려울 정도로 멋진 첫 대화로부터 그가 범상치 않은 상대라는 것을 직감할 수 있었다. 하지만 자신의 나약한 모습을 낯선 달팽이 S에게 그대로 보여 주는 것이 너무 창피해서 코끼리 M은 그만 내면의 목소리를 외면한 채 정색하면서 대답했다.

"선생님은 어떻게 제가 길을 잃었는지, 엄청난 고민을 하고 있는지 알 수 있어요? 이제 만난 지 몇 분밖에 안 되는 사람에게 이런 판단을 하다니 실례가 아닌가요? 그것도 목숨을 구해 준 생명의 은인에게….”

달팽이 S는 호흡을 한 번 가다듬고 코끼리 M에게 정중하게 이야기했다.

“만약 내가 자네의 기분을 상하게 했다면 먼저 사과하도록 하지. 자네가 나의 황금색 패각을 보고 폴라리스처럼 빛이 났다고 한 부분이나, 집이 어디냐는 간단한 질문에도 바로 답하지 못하고 당황하는 모습이나, 땅이 꺼져 갈 듯 내쉬고 있는 자네의 깊은 한숨과 우울한 표정은 나의 옛 모습을 그대로 보는 것만 같았네. 왜냐하면 나도 자네와 비슷한 나이에 길을 잃고 저 폴라리스를 보면서 같은 고민을 했던 경험이 있었거든. 누구나 한 번쯤은 직면하게 될 문제이지만, 그렇다고 누구나 폴라리스를 보면서 깊은 고민에 잠기지는 않지! 그래서 혹시 이 늙은 한 몸이 미약하나마, 목숨을 살려 준 은혜를 조금이라도 갚을 수 있겠구나 하는 생각에 주제넘게 한 판단이니 너무 마음에 두지 말게. 고민이 없다면 정말 다행이네. 그럼 자네는 자네의 갈 길을 가고 난 내가 가야 할 길을 계속 가면 되겠군. 하지만 자네가 필요하다면 언제든지 날 찾아오게! 나에게는 은혜를 입으면 꼭 갚고야 마는 고약한 버릇이 있거든. 하하.”

호탕한 웃음과 함께 달팽이 S는 산책을 하려고 발걸음을 다시 옮기기 시작했다.

이때 코끼리 M은 간절하게 했던 그 기도가 생각났다. 인생에서 가야 할 길을 안내해 줄 수 있는 폴라리스 같은 존재에 관한 기도 말이다. 비슷한 나이에 같은 고민을 했다는 달팽이 S, 그의 등에서 폴라리스처럼 빛을 냈던 황금색 패각, 그리고 방금 발생했던 말도 안 되는 사건과 대화들을 미루어 짐작건대, 달팽이 S가 바로 자신이 그토록 원했던 인생의 길을 안내해 줄 수 있는 폴라리스 같은 존재일 가능성이 매우 크다는 생각이 번쩍 들었다. 더 이상 그 어떤 대안과 선택의 여지도 없었던 코끼리 M은 지푸라기라도 잡아야 한다는 절박한 심정으로 달팽이 S를 한번 믿어 보기로 마음먹었다.

코끼리 M은 다급하게 달팽이 S를 막아서면서 본인의 모든 고민을 털어놓기 시작했다. 출생의 비밀로 생긴 이름 M의 두 가지 의미부터, 자신이 문제 해결을 위해 했던 수많은 노력, 장님들이 자기 조상을 만진 이야기를 읽었던 것, 그리고 그로부터 자신이 느끼게 된 절망감과 끝없이 이어지는 인생의 질문들 모두를 남김없이 이야기했다.

"보시다시피 저는 자신의 집이 어딘지는 알지만, 내가 어디서 왔는지, 왜 여기에 있는지, 그리고 나의 이름이 무엇인지를 몰라 앞으로 어디로 가야 할지, 어떻게 살아야 할지를 정할 수 없어 이렇게 길을 잃고 방황하고 있는 중이었습니다. 선생님에게 저의 속마음을 너무 쉽게 들킨 것 같아 놀랍기도 하고 두렵기도 해서 무례하게 말했는데 참 부끄럽습니다."

코끼리 M의 어깨는 더욱 처지면서 작은 달팽이 S 앞에서 더없이 작아지고 초라해 보였다.

달팽이 S는 가던 발걸음을 멈추고 코끼리 M의 이야기를 조용히 다 들은 후, 기다렸다는 듯이 말을 이어 갔다.

"용기를 내어 나에게 고민을 털어놓길 잘했네. 왜냐하면 난 자네의 고민들을 누구보다도 잘 알고 있기 때문이라네. 이야기했듯이 난 자네와 비슷한 나이에 비슷한 고민들을 하게 되면서 자네가 부거워 보인다는 이 짐을 지고 한평생 그 답들을 찾아다녔다네. 그 과정에서 나는 다행스럽게도 나의 분신과도 같은 네 명의 친구들을 만나게 되면서 문제들을 해결하게 되었고 이제 그 경험들을 정리하는 일만 남겨 두고 있지. 인생의 문제들에 대해 나름대로 깨달음들은 찾았지만, 안타깝게도 한 친구를 만나는데 인생의 1/5 시간을 사용하면서 네 친구를 만나고 나니 답을 찾는 데만 내 인생을 다 써 버리게 되었다네. 자네도 한 번밖에 없는 아까운 인생을 나처럼 모두 써 가면서 인생의 질문들에 대한 답들을 힘들게 다시 찾아다닐 필요는 없지 않겠나? 그런 사람은 나 한 사람으로도 충분하니까."

"당연하죠! 솔직히 저는 선생님처럼 무거운 짐을 지고 한 평생 찾아다닐 자신이 없습니다. 저는 이미 제가 할 수 있는 모든 노력을 다해 이 세상의 책들과 스승들을 찾아다녔지만, 저에게 남겨진 것은 절망감뿐입니다. 가능하다면 지금 당장, 아무런 희망의 빛도 보이지 않는 끝없는 어둠의 터널에서 벗어나고 싶은 마음뿐입니다."

코끼리 M은 자기도 모르게 가장 깊은 내면의 목소리를 달팽이 S에게 자연스럽게 고백했다는 사실에 놀랐다. 다른 한편으로 이렇게 말하고 나니 달팽이 S에게는 조금 미안한 마음이 들었다. 달팽이 S가 원래 시력이 안 좋은 데다가 무거운 짐을 등에 지고 '나'를 찾아 삼만 리 길을 헤매는 고난의 모습이 눈에 선하게 들어왔기 때문이다. 이제는 달팽이 S가 더 이상 고생하지 않고 조금이라도 더 쉽게 하기 위해 코끼리 M은 자신의 기나긴 코로 달팽이 S를 들어 올려 콧등에 태웠다.

달팽이 S가 일생을 바쳐 해결한 인생의 문제들이 코끼리 M의 깊은 내면에 숨어 있던 고민들과 강하게 공명하면서 달팽이 S의 마음에 더욱 큰 울림으로 다가왔다. 달팽이 S는 코끼리 M의 고민들을 해결해 줄 수 있는 특별한 여정을 제안해 생명을 구해 준 은혜를 갚기로 마음먹었다.

"좋네! 오늘 자네에게 매우 흥미로운 제안을 하나 할 생각이네. 자네와 함께라면 내가 한평생 걸었던 길을 하루 만에 다시 다녀올 수 있을 것 같네. 자네가 나와 함께 내가 만났던 네 친구들을 만나다 보면 자네가 고민하고 있던 인생 문제들에 대한 답들을 스스로 찾을 수 있을 것이라 생각하네. 누구도 그 답들을 대신 찾아 줄 수 없으니, 자네가 직접 나와 함께 이 하루의 여정을 떠나 보는 것은 어떤가?"

"정말인가요?! 와! 이것이 꿈인가요, 생시인가요? 정말 믿기지가 않습니다."

서커스난으로 복귀하여 내일 중요한 공연을 해야 하지만 코끼리 M은 왠지 달팽이 S의 제안을 거부할 수가 없었다. 달팽이 S가 내놓은 인생 문제들에 대한 해법과 그가 걸어왔던 일생에 대해서도 궁금했지만, 그가 말한 네 친구들에 대해서도 강한 호기심을 갖게 되었다. 달팽이 S의 특별한 제안을 받아들이기로 결정하고 나니 자신이 그토록 고민하고 있던 인생의 문제들을 하루에 다 해결할 수 있다는 생각에 흥분한 코끼리 M은 너무 기쁜 나머지 저도 모르게 춤을 추기 시작했다. 누가 코끼리가 춤을 출 수 없다고 했던가! 코끼리 M은 콧등에 달팽이 S가 앉아 있다는 사실을 깜빡한 채로 덩실덩실 춤을 추었다.

달팽이 S가 콧등에서 심하게 흔들리면서 놀란 모습을 뒤늦게 발견한 코끼리 M은 가까스로 흥분을 가라앉히고 달팽이 S에게 사과했다.

"달팽이 선생님, 정말 미안합니다. 저의 조상들마저 몇천 년 동안 해결하지 못했던 잃어버렸던 '나'의 이름과 그 많은 인생 문제들에 대한 답을 하루 만에 찾을 수 있다는 생각에 너무 흥분해서 저도 모르게 춤까지 추게 되었습니다. 선생님께서 떨어져 크게 다칠 수 있다는 것을 깜빡했네요."

"하하하! 자네의 그 기쁨, 난 너무나도 잘 알고 있지. 내가 다칠 것이라는 걱정은 하지 말게. 등에 지고 있는 이 무거운 짐은 나의 몸이자 집이면서 또한 방패 역할도 하고 있다네. 모든 위기로부터 날 보호해 주는 그런 역할을 하고 있다는 말이지!"

이제야 코끼리 M은 조금 더 가까운 거리에서 유심하게 달팽이의 황금색 패각을 살펴볼 수 있었다. 그렇게 단단한 껍질은 아니지만, 달팽이를 보호하기에는 충분했고 무엇보다 위에 그려진 특별한 무늬가 눈에 띄었다. 호기심이 많은 코끼리 M은 절대 궁금한 것을 그대로 지나치는 법이 없었다.

"달팽이 선생님, 선생님 등에 지고 있는 집인지 방패인지

하는 패각 위에 그려진 무늬가 참 신기하네요. 이 무늬는 어떻게 생긴 것인가요? 어떻게 하면 이렇게 아름다운 무늬를 저도 가질 수 있죠?"

달팽이 S는 끊임없이 질문하는 코끼리 M이 점점 마음에 들었다. 특히 등에 있는 패각 위의 무늬에 대한 질문이 마음 들었다.

"사실 나만 갖고 있는 무늬만은 아니라네. 머리를 들어 아름다운 은하수를 다시 바라보게. 주변에서 생멸하는 모든 동식물에도 존재하는 이 무늬는 우주 만물이 공유하고 있는 하나의 패턴이라네. 난 이 무늬에 '황금 나선'이라고 이름을 지어 주었는데 사실 자네도 갖고 있네. 아직 자네의 눈에는 잘 보이지 않을 뿐이지."

"뭐라구요? 저도 갖고 있다구요? 그런데 왜 전 볼 수가 없죠?"

"하하, 그래서 오늘 우리 둘의 만남이 이뤄진 것 아니겠는 가! 자네도 이제 곧 볼 수 있을 걸세. 특히 풀숲에 살고 있는 어린 왕자가 만났던 여우 F, 소년 파이와 함께 바다를 표류하다 살아남은 호랑이 T, 앨리스를 이상한 나라로 안내한 흰토 끼 R과 그 이상한 나라에서 앨리스가 만났던 나비 B까지 모두를 만나면 말이네."

"선생님이 말씀하신 네 친구가 정말 이분들인가요? 모두 제가 가장 좋아하고 가장 많이 읽었던 책과 영화의 주인공들이네요. 선생님의 제안을 받아들이길 참 잘했다는 생각이 듭니다."

코끼리 M이 가장 먼저 읽었던 책이 바로 『어린 왕자』였다. 『어린 왕자』, 『파이 이야기』와 『이상한 나라의 앨리스』는 쉬우면서도 재미있게 인생에 대해 이야기하는 작품들이었다. 코끼리 M은 인생 문제들에 답을 찾고자 반복해서 읽고 또 보았지만, 스스로 이해하기에는 너무 어려웠고 자신은 너무 어렸다. 그런데 이게 웬일인가! 달팽이 S를 통해 이 책과 영화의 주인공들을 직접 만날 수 있다니! 너무 기뻐서 날뛸 것 같았다. 하지만 코끼리 M은 달팽이 S가 떨어질까 걱정되어 이번에는 조심스럽게 꼬리만 즐겁게 마구 흔들어 댔다.

"나의 네 친구들을 만나기 전에 먼저 해야 할 일들이 있다네. 자네 먼 길이나 바다 항해를 떠날 때 무엇이 꼭 필요하다고 생각하는가?"

"지도와 나침판요!!!"

코끼리 M은 자신 있다는 듯이 큰소리로 대답했다.

"자네처럼 영리한 아이는 처음 보네. 그럼 오늘 자기 전에 내일 떠날 여행에 꼭 필요한 특별한 지도와 나침판을 소개해 주도록 하지. 사실 자네가 본 황금 나선이라는 무늬 속에 모든 비밀이 숨겨져 있다네. 이야기하기 창피하지만 등잔 밑이 어둡다고 난 비밀의 열쇠를 등에 지고 한평생 그것을 찾아다녔지. 비록 나와 나의 네 친구들이 자네에게 단순하고 우아하면서도 아름다운 황금 나선에 대해 소개해 주겠지만 자네의 인생 문제들에 대한 답들은 결국 스스로 찾을 수밖에 없다네. 누구도 자네를 대신할 수 없다는 사실은 잘 알고 있겠지?"

"네, 그럼요. 저는 비록 어리지만 서커스단에서 부모님 없이 자라서 그런지 지금까지 많은 일을 스스로 결정해 왔어요. 가슴 아픈 현실이기도 하지만 실제로 저를 대신하여 결정해 줄 사람은 아무도 없습니다. 물론 선생님들도 저를 대신할 수 없다는 사실을 잘 알고 있구요."

부모 없이 자랐다는 말을 아무렇지도 않게 하는 코끼리 M의 모습을 보면서 달팽이 S는 마음이 짠했지만, 그럼에도 불구하고 너무 씩씩하게 잘 자라 온 코끼리 M이 대견스러웠다. 달팽이 S는 밤이 더 깊어지기 전에 코끼리 M에게 서둘러 '정체성 지도'와 '황금 나침판'을 사용하여 '나'라는 존재를 찾아 돌아가는 방법을 가르쳐 주고 싶었다.

"자네가 발견한 황금 나선 모양의 무늬 말일세. 그 무늬가 바로 '나'라는 정체성 지도이자 황금 나침판이라네. 내가 한평생 '나'를 찾아다녔던 나만의 인생길도 함께 그려져 있네. 자네도 자신만의 유니크한 황금 나선의 인생 경로를 만들어 끼고 있는데… 자네가 그리게 될 아름다운 황금 나선이 바로 자네가 찾던 '나'라는 정체성이네."

"황금 나선이라는 무늬는 선생님처럼 인생을 다 살고 난 후에야 그려지는 것이 아닌가요?"

"꼭 그런 것은 아니네. 사람들은 이 세상을 점이나 직선이나 원으로 생각하지만 사실은 밧줄처럼 생긴 끈(String)이라네. 우주 만물은 모두 각자 자신만의 황금 나선이라는 DNA를 갖고 있는데 이는 시간과 공간이라는 차원을 뛰어넘어 다양하게 나타나고 있다네. 인생의 생, 노, 병, 사라는 생명 주기의 전반에 걸쳐 나타나기도 하지만 내일 자네와 함께하는 하루의 여정에서도 나타나지. 장님들이 만졌던 자네 조상의 어느 특정한 신체 부분이 아니라, 모든 기관이 서로 연결되어 함께 유기적인 몸을 이루듯이 존재와 생명 주기를 이루는 나와 네 친구들이 진동하는 하나의 끈으로 연결되면서 자네의 유니크한 '나'라는 정체성인 황금 나선을 그릴 수 있다네."

"선생님과 선생님의 네 친구들이 존재와 생명 주기를 이루고 하나의 진동하는 끈으로 연결된다고 하셨는데, 무슨 뜻인지 아직 잘 모르겠습니다. 어쨌든 간에 황금 나선이 정체성 지도이자 황금 나침판이라는 뜻이군요!"

"그렇다네. 황금 나선은 공간적 차원에서는 지금 여기에서 정체성 지도가 되고, 시간적 차원에서는 황금 나선을 계속 그려 나가는 나침판 역할도 하기 때문에 황금 나침판이라는 이름도 갖고 있다네."

달팽이 S는 숨을 크게 들이쉬고 다시 내쉰 후, 자신이 갖고 있던 고민과 비밀들을 코끼리 M에게 허심탄회하게 털어놓았다.

"여기서 황금 나선이 완성되려면, '나'라는 존재를 알아야 언제든지 '나'로 돌아올 수 있다네. 내가 처음 심각하게 고민했던 문제는 '난 남자인가 아니면 여자인가?'라는 질문이었네. 마치 자네가 자신이 미스터리 M인가 아니면 매직 M인가를 고민했던 것처럼 말일세. 왜냐하면 자웅동체인 달팽이들은 태어나면서부터 '남자이자, 여자'이기 때문이라네. 처음에는 나의 성 정체성이 무엇인지 궁금했는데 결국엔 자네가 고민했던 '나는 누구인가'라는 궁극적 질문으로 이어지게 되더군. 너무 고통스러운 나머지 과감하게 '나'를 찾는 여행을 떠났는데 다행스럽게도 네 명의 좋은 친구들을 만나면서 '나'라는 존재를 찾아 돌아올 수 있었네. 바로 자네가 내일 만나게 될 네 명의 친구들이지. 나는 이 네 친구들을 만나면서 나만의 황금 나선이 완성되는 모습을 보았고, '나'라는 존재에 대한 깨달음도 갖게 되었다네."

"선생님의 고민에 비하면, 저의 고민은 아무것도 아니네요. 선생님이 자웅동체라는 부분은 저로서는 생전 처음 듣는 이야기입니다. 어떻게 한 사람이 남자이면서도 여자가 될 수 있죠? 같은 이치로 저는 미스터리이면서도 매직이라는 이야기인데 저도 하루빨리 선생님이 말씀하신 '나'라는 존재에 대한 깨달음을 가졌으면 좋겠어요."

"자넨 이미 그 깨달음에 매우 근접해 있다네. 나도 처음에는 나 자신이 남자이면서도 여자라는 사실을 도저히 받아들일 수 없었지. 하지만 나만 그런 것이 아니라 우주 만물이 나와 비슷한 특징을 갖고 있다는 것을 발견하고 오히려 나를 이렇게 만들어 준 신에게 감사했다네. 왜냐하면 나는 자웅동체라서 이 세상의 빛과 우주 만물이 갖고 있는 입자이면서도 파동인 입자-파동 이중성을 그 누구보다도 쉽게 받아들일 수 있었고 또한 이해할 수 있게 되었기 때문이지. 자네도 이제 한 걸음만 더 내디디면 그 깨달음을 가질 수 있을 것으로 확신하네."

코끼리 M은 자신도 이제 곧 '나'라는 존재에 대한 깨달음을 가질 수 있다는 말에 매우 고무되었다.

"선생님, 아무래도 '나'를 알기 위해서는 선생님과 저를 포함한 우주 만물이 갖고 있는 입자-파동 이중성을 이해해야 할 것 같네요. 제가 미스터리 M이면서도 매직 M이라는 이중성을 갖고 있다면, 장님들이 저의 조상에게 지어 준 그 이름들은 또 무엇인가요?"

"좋은 질문이네. 그 많은 이름을 이해하기 위해 우리는 여기서 '본다는 것'의 의미에 대해 한번 생각해 볼 필요가 있다네. 이 부분에 대해서는 여우 F가 더 구체적으로 설명할 테지만, 자웅동체를 이해하려면 본다는 것의 의미를 꼭 알아야 하네. 우주 만물이 입자이면서도 파동이라는 이중성을 증명한 유명한 이중슬릿 실험에 의하면, 빛은 관측되면 입자처럼 행동하고 관측되지 않으면 파동처럼 행동한다네. 참 신기한 현상이 아닌가?! 여기서 '관측된다'는 부분은 빛이 비춘다는 뜻을 갖고 있는데 다른 측면에서 우리가 말하는 본다는 것 또는 안다는 것과 같은 의미를 갖고 있다네."

"선생님 말씀대로라면 저도 미스터리이면서도 매직이라는 이중성을 갖고 있는데 나 자신이 무엇을 보는가에 의해 나의 이름이 결정된다는 말씀인가요?"

"그렇다네. 자네가 자신을 보기 전까지는 모든 가능성이 존재한다네. 심지어 장님들이 자네 조상에게 지어 준 이름들까지 말일세. 자신의 이름인 미스터리 M처럼 그 이름들이 얼마나 마음에 들지 않는지 잘 알지만, 다른 사람들이 지어 주는 이름이나 라벨들이 이것들뿐만은 아니라네. 자네가 바라본 하늘에 있는 별처럼 많다는 이야기이지. 다른 사람들이 그 이름들을 지어 주어서가 아니라 자네가 어느 별을 보는가에 따라 자네의 이름이 임시적으로 그 별로 결정된다는 뜻이네. 이렇게 생각하면 파동과 입자의 이중성은 실제로 모든 곳에 존재할 수 있는 파동이라는 불확실성과 어느 특정 시간과 공간에 제한되어 있는 입자라는 확실성의 이중성으로 이해하는 것이 더 정확하다네."

"불확실성과 확실성이 나를 포함한 우주 만물이 갖고 있는 공통의 속성이라니, 참 놀라운 이야기인 것 같습니다. 아직은 온전히 이해할 수 없지만, 미스터리 M이나 매직 M, 그리고 수많은 불확실한 이름들이 제가 보는 순간 나의 이름으로 확정되었다는 사실이 이제는 조금씩 이해가 갑니다. 그래서 제가 자신을 미스터리 M이라고 생각하면 우울해지고 매직 M이라고 생각하면 기분이 좋아지는 것은 제가 무엇을 생각하는가에 달려 있다는 말씀이군요."

코끼리 M은 자신의 이해를 말하면서 다시 한번 밤하늘의 수많은 별을 바라보았다. 어느 별을 보느냐에 따라 자신의 이름이 결정된다는 사실에 코끼리 M은 보는 것의 중요성을 새삼 느끼게 되었다. 하지만 코끼리 M은 아직도 자신의 진정한 이름이 무엇이고 '나'는 누구인지 알 수 없었다. 설명을 들으면 들을수록 오히려 더 큰 혼란이 다가오는 듯했다.

"이 모든 별들이 나의 이름이 될 수 있다면, 이 모든 별들이 '나'라는 말인가요?"

"눈으로 보이는 모든 별들뿐만 아니라, 눈에 보이지 않고 마음으로 보는 모든 별들까지 포함해서, '나'라는 존재를 구성한다고 볼 수 있다네. 보이는 별들과 눈에 보이지 않는 별들이 네 개의 영역으로 나눠 있는데 이들이 바로 자네가 삶에서 맺고 있는 모든 관계, 하고 있는 모든 일들, 갖고 있는 다양한 습관들, 마지막 영역인 생명을 구성하는 몸과 마음, 그리고 영혼으로 분류할 수 있지. 네 가지 영역 모두 함께 '나'라는 존재를 구성하고 있으며 삶의 과정에서 무엇을 보는가에 따라 자네만이 갖고 있는 아름다운 황금 나선의 궤적을 그리면서 드러난다고 볼 수 있지. 나도 한평생을 거쳐 여우 F, 호랑이 T, 토끼 R와 나비 B를 만나게 되면서 '나'의 등에 있는 나만의 이 황금 나선을 그릴 수 있었다네."

"와~ 대단한 네 명의 친구들이네요."

"이뿐만이 아니야. 내일 특별한 하루 일정을 통해 이 네 친구들을 만나면서 자네는 생, 노, 병, 사라는 생명주기를 오전, 오후, 저녁, 밤으로 이루어지는 하루를 통해 경험하게 되고, 그 과정에서 '나'를 구성하는 관계, 일, 습관과 생명에 대해 이해하게 되어 자네가 고민했던 인생 문제들에 대한 답을 스스로 찾아갈 수 있을 게야."

"아하~ 제가 기도했던 폴라리스 같은 안내자가 바로 선생님이 맞네요!"

코끼리 M은 자신의 기도가 이렇게 빨리 현실이 될 줄은 꿈에도 생각하지 못했다.

"정확히 말하면, 나 혼자가 아니라 나와 네 친구들로 구성된 '황금 나선'이라는 정체성 지도와 황금 나침판이 자네가 기도했던 폴라리스 같은 역할을 하게 될 것이네. 나의 역할은 어떠한 상황에서든지 시간과 공간을 초월하는 자웅동체인 동시에 네 개의 영역으로 구성된 '나'라는 존재로 돌아가는 방법을 알도록 자네를 안내하는 것이라네. 이를 위해 황금 나선이라는 정체성 지도와 황금 나침판을 만들었다네."

"선생님과 선생님의 네 친구들이 황금 나선을 구성한다는 부분은 신기하지만 아직도 마음에 잘 와닿지 않습니다.

그렇다면 황금 나선이라는 정체성 지도와 황금 나침판만 있으면 삶의 길에서 길을 잃지 않는다는 말씀인가요?"

"그렇다고 볼 수 있네. 자네가 봤던 폴라리스는 자네를 집으로만 안내해 주지만 황금 나선이라는 정체성 지도와 황금 나침판은 절대적이고 초월적인 '그때, 거기'의 '나'라는 존재가 '지금, 여기'의 나와 사실 하나라는 생각을 갖도록 돕는데 이것은 내일 자네가 직접 경험하면서 깨달아야 할 내용이라네."

"선생님이 말씀하시는 절대적이고 초월적인 그때, 거기의 '나'와 지금, 여기의 나라는 말들을 이해하기가 정말 어렵네요. 머리가 터질 것 같습니다."

"자네 잘못이 아닐세. 왜 자네가 그 용어들에 대해 어려워하는지 나도 이제는 이해할 것 같네. 한때 난 사람들에게 나의 깨달은 바를 전하기 위해 이와 비슷한 어려운 용어들뿐만 아니라 추상적인 숫자까지 사용하면서도 버젓이 '한눈에 보는' 황금 나선의 존재 패턴과 성장 법칙이라고 착각하고 있었는데 나 자신이 참 어리석었던 것 같네. 지금도 자네에게 이렇게 어렵게 설명하고 있는 것 보면, 난 죽기 전에 과연 자네와 같은 젊은이들이 쉽게 이해할 수 있도록 황금 나선을 정리할 수 있을지 의문이네. 그래서 자네에게 특별한 여정을 제안하기 잘했다는 생각이 들었네. 내가 말로 설명하는 것보다 자네가 나와 나의 친구들을 만나는 특별한 하루의 여정에서 직접 경험하면서 배우는 것들이 추상적인 숫자나 용어를 통해 이해하는 것보다 훨씬 더 많고 쉬울 테니까."

코끼리 M은 이제야 달팽이 S가 죽기 전에 꼭 해야 할 일이 바로 자신이 깨달은 만물이 존재하는 패턴과 성장하는 법칙을 자신과 같은 젊은이들도 알기 쉽게 책으로 정리하는 것이라는 것을 알게 되었다. 이러한 책이 젊은이들이 성장 과정에서 직면하는 여러 인생 문제들을 스스로 해결하는 데 도움이 되게 하는 것이라는 것을 알고 달팽이 S를 만난 것이 결코 우연이 아닌 필연처럼 느껴졌다.

"선생님이 왜 내일 하루 만에 이 네 분을 만나는 특별한 하루 일정을 제안하셨는지 이제는 알 것 같아요. 선생님과 선생님의 네 친구들을 스승으로 모시고 '나'를 구성하는 존재와 생명 주기의 네 영역을 제가 직접 생생하게 경험하게 함으로써 스스로 알게 하기 위함이네요."

"자네는 역시 나를 실망시키지 않는군. 자넨 항상 좋은 질문을 할 뿐만 아니라 뛰어난 통찰력 또한 갖고 있다네. 나와 네 친구, 그리고 존재와 생명 주기의 네 영역의 관계에 대해서는 내일 하루 여정을 마칠 때 자네 스스로 이해해야 하는 문제이기 때문에 내가 대신하여 설명할 필요는 없을 듯하네."

달팽이 S는 밤이 깊어지고 있음을 느끼고 오늘 자신이 코끼리 M에게 안내하고 싶은 '나'로 돌아가는 방법에 대한 요점을 정리하기 시작했다.

"간단히 정리하자면, 자웅동체인 '나'라는 존재는 시간적 차원에서의 생, 노, 병, 사와 공간적 차원에서의 관계, 일, 습관, 생명이라는 네 영역 전체를 아우르는 개념이라고 볼 수 있네. 내일 하루, 자네는 나와 함께 여우 F, 호랑이 T, 토끼 R과 나비 B를 만나면서 내가 전체 인생을 지내 온 것과 같은 경험을 하게 될 것이네. 자네는 오전, 오후, 저녁과 밤이라는 시간적 차원과 '나'를 공간적으로 구성하는 관계, 일, 습관과 생명이라는 네 개의 영역에서 '나'만의 황금 나선을 어떻게 그려 가는지를 경험할 수 있을 것이네. 하루를 일생처럼 사는 방법인데, 당장은 이해하기 어렵겠지만, 내일 하루 여정이 끝날 때쯤이면 모든 것이 '있는 그대로' 드러날 것일세. 그리고 '나'로 돌아가기의 최고의 경지는 '그칠 데'를 아는 것인데 이것이 바로 내가 자네를 처음 만났을 때 한 그 말의 의미라네."

'나의 목적지는 '그때, 거기'이자, 바로 '지금, 여기'이니 내가 지고 있는 이 (황금 나선이 그려진) 무거운 짐이 바로 나의 목적지이자 내가 가야 할 길이고 '나' 자신이다.'

코끼리 M은 달팽이 S가 처음 만나서 했던 그 말이 생각났다. 하지만 아직도 이 말의 깊은 의미를 모두 이해할 수가 없었다.

"내일 하루 여정을 끝날 때쯤에는 저도 이 말의 의미와 '그칠 데'를 안다는 것이 과연 무슨 뜻인지 꼭 알고 싶어요."

"자네의 바람대로 이뤄질 것이라 생각하네. 이제 밤도 깊었으니 쉬어야 할 시간이 다 되었네. 자네는 이미 '나'라는 존재로 돌아가는 매우 중요한 첫 번째 단추를 잘 끼웠으니 이제 나머지 네 단추는 내일 하나씩 끼우면 되니 너무 걱정하지 말고 푹 쉬게. 내일 우리가 함께 가야 할 길이 비록 하루라고 하지만 자네는 내가 일생 동안 깨달았던 내용들을 하루만에 경험하고 배우는 시간이기에 충분한 휴식이 필요하네."

"네, 알겠습니다. 선생님이 오늘 저녁 이야기한 내용들을 이해하려고 하니 머리가 깨지는 것 같아요. 하지만 선생님도 만나고 또 제가 지난 4년간 읽었던 책과 영화에서 나오는 주인공들을 내일 직접 만난다고 생각하니 너무 흥분되고 마음이 설레어 아무래도 오늘 잠을 못 잘 것 같습니다. 선생님은 저를 신경 쓰지 마시고 저의 넓은 머리 위에서 편안히 먼저 주무시면 됩니다."

달팽이 S를 자신의 머리 위에 살짝 올려놓은 코끼리 M은 기도를 너무 간절하게 하면서 에너지를 많이 소모한 데다 달팽이 S와 함께 짧은 시간에 너무 많은 생각을 소화하다 보니 이 말을 한 지 얼마 되지 않아 그만 꿈나라로 떠나 버렸다. 달팽이 S는 깊이 잠든 코끼리 M을 흐뭇한 표정으로 바라보았다. 오늘 저녁 발생한 이 모든 일들이 달팽이 S에게도 마치 꿈만 같았다. 내일 코끼리 M과 함께 자신의 인생을 다시 한번 겪게 될 것을 생각하니 달팽이 S도 흥분되어 잠이 올 것 같지 않았다.

그래서 달팽이 S는 오늘 하루를 잠깐 돌이켜 보면서 자기 전에 오늘 오전에 썼던 자신만의 성장 일기인 황금 나침판의 네 영역을 체크해 보았다. 갑자기 닥친 죽음의 위기 때문에, 오전에 작성했던 내용들이 모두 싹 다 바뀌었지만, 오히려 더 구체적이고 선명하게 다가왔다. 예를 들어, '가장 중요한 사람은 누구인가?'라는 질문에 나처럼 인생 고민을 하고 있는 젊은이들이라고 추상적으로 적었는데, 정말 자신과 똑같은 고민을 하고 있는 코끼리 M을 직접 만났다. '가장 중요한 일은 무엇인가?'라는 질문에는 자신이 깨달은 우주 만물이 존재하는 패턴과 성장 법칙을 젊은이들이 알기 쉽게 전할 수 있는 책을 쓰는 것이라고 적었다. 매일 이 책을 쓰기 위해 글을 계속 써 왔지만, 내용이 너무 어려운 용어들과 추상적인 숫자들로 가득하여 어떻게 정리할까 고민 중이었는데, 코끼리 M을 만나 대화도 하고 내일 그와 함께 특별한 하루 여정을 하게 된다고 생각하니 뭔가 좋은 아이디어가 떠오를 것만 같았나……

이렇게 달팽이 S는 하루를 정리하면서 마지막에는 죽다가 살아난 것도 감사했지만, 코끼리 M과의 만남에 더욱 감사하다는 내용을 적었다. 그리고 부디 내일 하루의 여정이 코끼리 M과 자신 모두에게 특별한 여정이 되게 해 달라고 기도하면서 달팽이 S도 하루 일정을 마무리하고 자신의 황금빛 패각 안으로 들어가 잠이 들었다.

1 여우의 마음으로 보기

이른 새벽, 해도 뜨기 전에 달팽이 S가 먼저 잠에서 깼다. 아침에 간단한 요가 동작으로 몸을 풀고 난 달팽이 S는 코끼리 M의 머리 위에 앉아서 조용한 명상에 들어갔다. 명상이 끝나면, 달팽이 S는 직접 개발한 황금 나침반이라는 성장 일기를 작성하는데 매일 아침 네 가지 질문을 던지고 대답하면서 하루를 시작한다. 그리고 어젯밤처럼 네 가지 영역에서 설정한 행동 목표들의 완성 여부를 돌이켜 보면서 하루를 마감한다.

황금 나침판의 네 개 영역에서의 질문은 다음과 같다.

우선, 오늘 나에게 가장 중요한 사람은 누구일까? 이 문제에 대한 답은 자명했다. 오늘 달팽이 S에게 가장 중요한 사람은 코끼리 M이고 그를 도와 인생의 고민을 해결하는 것이었다. 다음으로, 오늘 나에게 가장 중요한 일은 무엇인가? 달팽이 S가 이야기했던 죽기 전에 꼭 해야 할 일, 바로 자신의 인생에서 깨달은 우주 만물이 존재하는 패턴과 성장 법칙을 코끼리 M과 같은 젊은 친구들도 쉽게 이해할 수 있는 책으로 정리하는 일이었다. 그다음으로, 오늘 견지해야 할 습관은 무엇인가? 달팽이 S가 최근 견지하고 있는 한 가지 습관은 바로 지금처럼 매일 황금 나침판이라는 성장 일기를 아침저녁으로 쓰는 것이었다. 마지막으로, 나의 생명을 구성하는 몸과 마음, 그리고 영혼의 건강을 위해 오늘 내가 해야 할 일은 무엇인가? 달팽이 S는 자신의 건강을 위한 아침 요가와 산책을 적었고, 요가는 이미 완성한 상태인데 오늘 산책은 아무래도 코끼리 머리 위에서 해야 할 것 같았다. 마음의 건강을 위해 읽어야 할 책은 자신의 천적인 생쥐 m이 쓴 『누가 내 치즈를 옮겼을까?』를 적었고, 영혼의 건강을 위해 돌고래 D가 개발한 13가지 덕목 중, '겸손'을 이번 주 견지해야 할 덕목으로 적었다.

이것이 바로 어제 달팽이 S가 코끼리 M에게 소개했던 오늘을 일생처럼 사는 방법이 담긴 정체성 지도이자 황금 나침판이었다. 이렇게 아침 요가와 함께 황금 나침판을 완성하고 나면, 달팽이 S는 몸도 마음도 개운해지고 새로운 하루를 힘차게 시작할 준비를 마치게 된다.

마침 이때 코끼리 M도 잠에서 깨어났다.

"달팽이 선생님, 벌써 일어나셨군요. 꿈에 서커스 공연 준비를 하느라 정신이 없다 보니, 이제야 깨났습니다. 저 늦잠 잔 것 아니죠?!"

아무래도 코끼리 M은 자신이 서커스 공연을 포기하고 달팽이 S의 특별한 제안을 받아들인 것에 대한 부담감이 남아 있었던 것 같았다.

"마침 잘 깨어났네. 나도 자네를 깨우려던 참이었네. 아름다운 인생은 아침부터 시작하네!"

"참 좋은 새로운 아침입니다! 선생님도 기분 좋으신가 봅니다. 저는 오늘 아침 완전히 새롭게 태어난 기분입니다. 이런 느낌 참 오랜만입니다."

달팽이 S도 코끼리 M과 함께할 특별한 오늘이 너무 기대되었다. 마치 자신의 두 번째 인생을 사는 듯한 느낌이었기 때문이다. 무엇보다 자신의 생명의 은인인 코끼리 M을 도와 '나'를 찾도록 도울 수 있다는 생각과 지난 4년간 자신을 도와준 네 명의 평생 친구들을 하루 만에 모두 다시 만날 수 있다는 생각에 기쁨을 감출 수가 없었다.

기쁨의 크기를 서로 비교할 수는 없겠지만, 코끼리 M이 특별한 하루를 맞이하는 심정은 이 세상 그 누구와도 비교할 수 없고 어떤 언어로도 표현할 수 없을 것이다. 그토록 찾아 헤매던 '나'를 찾을 수 있을 뿐만 아니라 자신이 고민했던 일련의 인생 문제들을 오늘 하루 만에 해결할 수 있다는 생각에 코끼리 M은 하늘을 날아갈 것만 같았다.

"자네 못지않게 나도 오늘 기분이 최고라네. 오늘 갈 길이 먼데 이제 바로 출발해야겠네. 오전에 숲속으로 가서 여우 F를 만나고, 오후에는 밀림 속에서 호랑이 T를 만난 후, 서녁에 흰토끼 R을 만나 토끼굴로 들어가고, 마지막으로 밤이 되면 애벌레에서 나비로 된 파랑 나비 B를 만나는 일정일세. 여우 F가 사는 숲이 여기서 그렇게 멀지 않으니 자네 걸음걸이라면 바로 도착할 수 있을 것 같네."

"네, 선생님. 저는 여우 F 선생님이 너무 보고 싶어 잠시도 더 기다릴 수가 없습니다. 저의 머리 위에 편안히 잘 앉으셨죠?! 바로 출발하겠습니다."

출발하면서 코끼리 M은 흥분된 마음을 가까스로 가라앉혔다. 그리고 달팽이 S가 자신에게 제공한 특별한 기회를 절대 놓치지 않고 고민했던 인생 문제들에 대한 답들을 꼭 찾아야겠다고 다짐에 다짐을 거듭했다. 코끼리 M은 달팽이 S가 떨어지지 않도록 조심하면서도 떠오르는 태양과 경주하듯이 최대한 빠르게 달리기 시작했다.

얼마 지나지 않아 코끼리 M과 달팽이 S는 어린 왕자가 누워서 울고 있었던 그 풀숲에 도착했다.

"안녕."

여우 F가 멀리서부터 코끼리 M의 머리 위에 앉아 있는 달팽이 S를 보고 반갑게 먼저 인사를 건넸다. 시력이 안 좋은 달팽이 S는 가까이 다가가서야 여우 F에게 인사했다.

"안녕, 여우 F. 자네 같은 오랜 벗을 다시 만나게 되니 이 기쁨을 어떻게 표현할 수가 없네!"

"어떻게 다시 돌아오게 되었지? 자네가 나비 B로 전환된 애벌레 C까지 만나 인생의 모든 고민을 다 해결하고 우리가 함께 깨달은 것들을 책으로 쓰기 위해 고향에 머물고 있다는 소식을 들었어."

여우 F는 달팽이 S의 더듬이가 가리키는 코끼리 M을 보고 잠깐 말을 멈추었다. 돌아온 이유가 달팽이 S가 타고 있는 덩치 큰 어린 코끼리와 관련이 있음을 알고 질문하기 시작했다.

"아무래도 자네 때문에 달팽이 S가 날 다시 찾아온 것 같은데 자네 이름이 뭔가?"

"여우 선생님, 저는 코끼리 M이라고 합니다. 제가 첫 번째로 읽은 책의 주인공을 달팽이 선생님의 소개로 이렇게 직접 뵐 수 있다니! 모든 것이 꿈만 같습니다."

코끼리 M은 예의 바르게 인사를 한 후, 여우 F에게 자신의 고민과 달팽이 S를 만나는 과정을 하나도 빠짐없이 있는 그대로 모두 이야기했다. 마지막에는 달팽이 S에 대한 감사함도 잊지 않았다.

"사실 저는 어쩌다가 우연하게 달팽이 선생님의 목숨을 구했을 뿐인데, 달팽이 선생님은 저에게 이렇게 특별한 하루라는 과분한 선물을 통해 여우 선생님과 다른 선생님들을 직접 만날 수 있는 기회를 주셨습니다."

여우 F는 코끼리 M이 아니라면 달팽이 S를 보지 못했을 수도 있었다는 생각에 깜짝 놀랐다. 또한, 코끼리 M이 이야기한 고민들이 달팽이 S가 4년 전에 자신을 처음 찾아와서 했던 말들과 너무 비슷하여 달팽이 S를 슬쩍 쳐다보았다.

"자네 짐작이 맞네. 밤하늘의 별들을 바라보면서 나와 같은 고민을 하고 있던 이 젊은 친구가 어제저녁에 내 목숨을 구해 줬다네. 난 생명의 은혜를 갚기 위해 우리가 함께 깨달은 존재의 패턴과 성장의 법칙을 말로 설명해 주고 싶었지만, 너무 어려워 불가능하다는 것을 깨달았네. 대신 그에게 내가 한평생 자네와 호랑이 T, 토끼 R과 나비 B까지 만났던 과정을 하루 만에 경험하는 특별한 하루의 여정을 제안했네. 나의 생명의 은인인 코끼리 M의 고민들을 우리가 함께 해결할 수 있다면, 난 죽어도 여한이 없겠네. 자네 도와줄 수 있겠지?"

달팽이 S는 오늘 진심으로 코끼리 M을 돕고 싶었다.

"달팽이 S, 우리가 남인가? 자네에게는 우리 모두를 위해 꼭 써야 할 책이 남아 있으니, 죽는다는 생각은 하지도 말게. 우리 다섯은 이미 하나가 된 이상 그런 남 같은 이야기는 앞으로 더 이상 하지 말게. 자네 생명의 은인이면, 우리 모두의 생명의 은인이네! 자네와 같은 마음으로 최선을 다하여 도울 테니 걱정하지 말게."

여우 F의 말을 들은 달팽이 S는 네 친구들과 이제는 한 손의 다섯 손가락처럼 떼려야 뗄 수 없는 관계가 되었음을 깊이 느낄 수 있었다.

"욕심 많은 달팽이 선생님이 자네와 함께 하루 만에 자신이 한평생 걸었던 길을 다시 다녀오는 일정을 잡았다네. 우리에게 주어진 시간은 오전뿐이네. 다행스러운 것은 오전은 시계로 측정할 수 있는 그러한 시간이 아니라는 점이네. 자네가 얼마나 현재에 집중하면서 사는가에 따라 시간이 길어지기도 하고 짧아지기도 한다네. 지금, 여기라는 현재를 사는 동안 '마음으로 보기'를 배우게 될 것인데 준비되었는가?"

"네! 저는 잃어버린 '나'를 찾기 위해 무엇이든지 할 준비가 되어 있어요!"

코끼리 M은 당당하면서도 절박한 목소리로 힘차게 대답했다. 인생에 한 번밖에 없는 기회를 혹여 놓치지 않을까 노심초사했다. 현재를 사는 방법에 대해서는 아직 잘 모르지만, 어떤 상황에서도 정신 줄을 놓지 않으면서 여우 F의 가르침을 제대로 받고 싶었다.

"자네가 잃어버린 '나'를 찾기 위해 그동안 수많은 책과 영화, 그리고 강의들을 들었다고 하는데 '보는 것'이란 과연 무엇인가? '장님이 코끼리 만지기'라는 이야기를 읽은 후에는, 매일 저녁 책과 영화 대신 밤하늘에 수많은 별을 보면서 스스로 인생 문제들을 고민했다고 하는데 밤하늘에서는 또 무엇을 보았는가?"

"저는 비록 지난 4년간 선생님이 나오는『어린 왕자』를 시작으로 많은 책과 영화, 그리고 강의들을 찾아다녔지만, 사실 '보는 것'의 의미와 같은 추상적인 개념들을 이해하기에는 아직 너무 어렸어요. 오히려 일련의 질문들만 생겼어요. 어제 달팽이 선생님이 잠깐 그 의미에 대해 설명을 해 주셨지만, 솔직히 아직도 잘 모르겠습니다. 제가 밤하늘에서 무엇을 보았는가라고 질문하셨죠? 저에게는 수많은 별이 보였고 그중에서도 내일 지를 집으로 돌아갈 수 있도록 방향을 알려 주는 폴라리스가 가장 잘 보였어요. 그래서 어젯밤에는 인생에서 폴라리스 같은 안내자를 보내 달라고 기도하고 있었는데 바로 그때 달팽이 S 선생님이 기적처럼 나타났어요!"

"달팽이 S가 폴라리스 같은 인생의 안내자인 것은 맞지. 달팽이 S는 처음에 나와 호랑이 T, 토끼 R, 그리고 지금은 나비 B로 전환된 애벌레 C에게 도움을 요청하러 왔지만, 결국에는 달팽이 S가 우리 넷의 폴라리스가 되어 주었고 우리 다섯은 이렇게 떼려야 뗄 수 없는 한 몸이 되었지."

코끼리 M은 여우 F가 무슨 말을 하고 있는지 도무지 이해할 수 없었다. 하지만 달팽이 S가 여우 F에게도 폴라리스 같은 존재라는 말을 듣고 자신이 달팽이 S에게 고민을 털어놓길 잘했다는 생각이 다시 한번 들었다. 작은 선택과 믿음이 이렇게 놀라운 경험으로 이어지는 모든 과정이 아직도 잘 믿기지 않았지만, '달팽이 S와 그의 친구들'이 자신이 기도했던 폴라리스가 맞다는 점은 틀림이 없다고 생각했다.

"여우 선생님도 달팽이 선생님처럼 때로는 제가 이해할

수 없는 이야기를 하네요."

"이 말들은 사실 나 자신에게 한 말인데 자네는 지금 못 알아들어도 괜찮네. 하지만 이 여정을 마칠 때쯤이면 자네도 곧 내가 한 말들을 이해할 수 있을 것일세."

"이 말씀도 달팽이 선생님이 똑같이 해 주셨습니다."

"하하! 앞으로 달팽이 선생님이 하지 않은 새로운 이야기만 하도록 하지."

여우 F는 말을 하면서 바닥에 있는 나뭇가지 하나를 주어 가로와 세로로 좌표계를 그리고 난 후 바로 말을 이어 갔다.

"자네가 좌표의 원점을 폴라리스에 두고 좌표계를 하늘에 그렸다고 상상해 보게. 무엇이 보이는가?"

"폴라리스를 중심으로 모든 별들이 네 개의 사분면에 나뉘네요. 마치 밤하늘의 지도 같아요. 여기저기 흩어져 있던 별들이 이제 폴라리스를 기준으로 방향이 생기고 위치도 확정 지을 수 있게 되었네요."

제대로 된 대답을 기대하지 않았던 여우 F는 코끼리 M의 말을 듣고 깜짝 놀라면서 자기도 모르게 달팽이 S를 다시 한 번 쳐다보았다. 달팽이 S가 왜 코끼리 M을 데리고 하루 만에 이 어려운 여정을 마무리하겠다는 말도 안 될 정도로 담대한 계획을 세웠는지도 조금은 이해할 수 있을 것 같았다.

코끼리 M은 스스로 추상적인 개념들을 잘 이해하지 못한다고 했지만, 사실 그의 대답들은 전혀 그렇지 않았다. 아무래도 지난 4년간 열심히 책을 읽고 영화를 보면서 공부를 한 효과가 컸던 모양이나. 여우 F는 좀 더 마음 놓고 코끼리 M에게 질문을 할 수 있게 되었다.

"『어린 왕자』가 자네가 읽은 첫 번째 책이었다고 했는데 그렇다면 내가 어린 왕자에게 한 말도 기억하겠네?"

"그럼요. 『어린 왕자』에서 가장 기억이 남는 말 중 하나예요. 하지만 '마음으로 봐야 보인단다'라는 말을 제대로 이해할 수가 없었어요. 안 그래도 오늘 뵈면 가르쳐 달라고 조르려던 참이었어요. 히히!"

코끼리 M은 어느새 여우 F와 친해져서 애교도 부릴 정도로 가까워졌다. 그리고 그 유명한 구절을 여우 F에게 큰 목소리로 자랑스럽게 읊어 보여 주었다.

> 내 비밀을 말해 줄게.
> 아주 간단해.
> 마음으로 봐야 보인단다.
> 중요한 건 눈에 보이지 않거든.
> ― 생텍쥐페리, 『어린 왕자』 중에서

"자네가 이렇게 큰 소리로 읊어 주니 감회가 새롭군!"

여우 F는 코끼리 M과 주고받는 이 대화가 예전에 어린 왕자와 함께했던 대화처럼 재미있다는 생각이 들었다. 달팽이 S도 옆에서 조용히 지켜보면서 매우 만족하다는 표정을 짓고 있었다.

"밤하늘의 지도에서 볼 수 있는 수많은 별은 사실 자네가 세상에서 살면서 남긴 그리고 앞으로 남기게 될 모든 활동의 흔적들이라고 생각할 수 있네. 예를 들어, 자네가 알고 있는 사람들, 하고 있는 일들, 자네가 갖고 있는 좋고 나쁜 습관들, 그리고 장님들이 만졌던 그 몸과 자네가 지금 하고 있는 모든 생각들, 심지어 눈으로 볼 수 없는 마음과 영혼까지를 모두 눈으로 보기에는 질서 없이 흩어져 있는 그 별들이라고 생각해 보게. 이렇게 생각하면서 이번에는 자네의 눈을 감고 별들을 다시 보게. 무엇이 보이는가?"

코끼리 M은 여우 F가 시키는 대로 눈을 감고 하늘의 수많은 별이 펼쳐져 있는 밤하늘을 상상해 보았다.

"잘은 모르겠지만, 마치 하늘이라는 두루마리에 저의 과거의 삶과 관련된 모든 것을 기록해 놓은 것을 한눈에 볼 수 있는 것 같아요. 지금까지 저에게 사랑으로 서커스 훈련을 해 준 조련사들, 저와 함께 서커스 공연을 하는 사람들과 동물 친구들, 제가 열심히 읽었던 책들과 인상 깊었던 강연들, 그리고 흥미로운 그 많은 영화들, 제가 갖고 있는 못된 습관들 등등이 다 보이는데… 저의 부모님은 어디서도 보이지가 않아요. 나 같기도 하고 또 아닌 것 같기도 한데… 보면 볼수록 아직은 더 혼란스럽고 어지럽네요."

"그래서 마음으로 봐야 보인단다. 중요한 것은 눈에 보이지 않기 때문이지."

코끼리 M은 여우 F의 말에 정신이 바짝 들었다. 어제저녁에 달팽이 S도 자신이 '무엇을 보는가'에 의해 자신의 '이름'이 결정된다고 했는데 여우 선생님이 말하는 마음으로 본다는 의미가 과연 무엇일까라는 문제가 더욱 궁금해졌다.

"여우 선생님, 어제 달팽이 선생님도 보는 것에 따라 나의 이름이 결정된다고 하셨는데 선생님 생각에는 과연 본다는 것의 의미가 무엇인가요? 왜 저는 아무리 보아도 잘 보이지가 않죠? 눈으로 보는 것과 마음으로 보는 것의 차이는 또한 무엇인가요? 어떻게 보아야 마음으로 본다는 것인가요?"

여우 F를 만나면 꼭 물어보고 싶었던 질문들이 막 쏟아져 나왔다. 아무리 마음으로 보려고 해도 하루하루 평범한 생활 속에서 만나는 사람들이나 일들이 과연 어떤 의미를 갖고 있는지 보이지 않았다. 왜냐하면 코끼리 M에게는 무한히 반복

되는 공허하고 허무한 일상, 불확실하고 복잡하게 얽히고설
켜 있는 혼돈의 세계, 삶의 부조리로 가득한 절망적인 고통
과 죽음의 어둠밖에 보이지 않았기 때문이다.

"참 좋은 질문이네. 쉽게 볼 수 없다는 것도 잘 알지만, 자
네는 충분히 볼 수 있다고 생각하네. 아니면, 달팽이 S가 자
네를 나에게 데리고 오지 않았을 것이라네."

여우 F는 코끼리 M의 솔직함과 질문의 수준에 대해 진심
으로 칭찬하고는 계속 본다는 것의 의미에 대해 설명하기 시
작했다.

"본다는 것의 의미를 달팽이 S가 잘 설명한 것 같으니 난
눈으로 보는 것과 마음으로 보는 것에 대해 보충 설명을 하
도록 하지. 한마디로 요약하면 눈으로 보기에는 허무해 보이
는 자네의 사소한 생각과 행동들이 하나의 끈으로 연결되고
있음을 마음으로 보는 것, 눈으로 보기에는 복잡하고 무질서
하며 불확실해 보이는 모든 별들이 사실 매우 단순한 패턴과
법칙으로 연결되어 있음을 마음으로 보는 것, 그리고 눈으
로는 어두운 밤하늘을 밝게 비추는 빛이 에너지로서 물리적
인 세계를 움직인다는 것을 볼 수 있듯이, 인간과 세상을 움
직이는 영원하고 꺼지지 않는 엔진인 사랑을 마음으로 볼 수
있다는 것을 말한다네."

코끼리 M은 여우 F의 말을 귀로 들으면서 계속 눈을 감고 이 말들의 의미를 음미하고 또 음미했다. 한 번에 쉽게 깨달을 수 있는 말들이 아니라는 것을 알지만, 조금씩 마음으로 본다는 것의 본질에 다가가고 있었다.

여우 F는 코끼리 M이 마음으로 본다는 것이 무엇인지를 이해하고 있음을 직감하고 좀 더 구체적으로 확인해 보고 싶었다.

"자네가 이제 조금씩 마음으로 보기 시작한 것 같은데 이번엔 자네가 달팽이 S가 가르친 '나'라는 존재를 원점에 두고 마음으로 하늘의 별들을 다시 바라보게. 이제 무엇이 보이는가?"

코끼리 M은 눈을 감고 자신이 매일 보고 있던 밤하늘을 다시 마음으로 보았다. 이번엔 폴라리스 대신 어제저녁 달팽이 S가 이야기했던 절대적이고 초월적인 더 큰 '나'라는 존재에 원점을 두고 다시 보기 시작했다.

"여우 선생님, 신기하게도 먼지처럼 흩어져 있던 별들이 어제 달팽이 선생님이 가르쳐 준 더 큰 '나'를 중심으로 모두 자기 위치와 방향이 있으며 자신만의 속도로 움직이고 있는 것이 보입니다. 어제 달팽이 선생님이 말한 정체성 지도와 황금 나침판을 구성하는 관계, 일, 습관과 생명(몸, 마음과 영혼)이라는 네 개의 영역으로 모든 별이 질서 있게 나뉘는 것도 보입니다. 심지어 눈으로는 볼 수 없었던 미래의 별들까지도 이제는 단번에 다 보입니다. 그리고 저의 아버지와 어머니도 보이네요!"

말을 마친 코끼리 M은 갑자기 울컥하는 마음이 들면서 한동안 말을 잇지 못했다. 꿈에도 보고 싶었던 부모님을 마음으로 보았기 때문이다. 가까스로 마음을 추스른 코끼리 M은 어제 달팽이 S가 했던 말이 생각났다. 여우 F를 만나면 '본다는 것'에 대해 제대로 된 안내를 받을 수 있다는 이야기 말이다. 이때, 달팽이 S도 마음으로 보기를 이해하는 코끼리 M의 놀라운 성장을 묵묵히 지켜보다가 한마디 하였다.

"'나'로 돌아가기 위해서는 '나'를 알아야 하고 나를 알기 위해서는 마음으로 보는 방법을 알아야 한다네. 나도 4년 전에 여우 F를 만나고 나서야 그전까지 볼 수 없었던 '나'를 볼 수 있는 마음의 눈이 열리게 되었지."

"달팽이 S는 대신 왜 '나'가 존재하는지를 알게 해 주었다네! 달팽이 S의 '나'로 돌아가기가 없었다면 마음으로 보기도 있을 수 없다네. 또한, 달팽이 S의 '나'로 돌아가기는 그칠 데를 안다는 것과 같은 의미인데 그칠 데를 알아야만 마음으로 자신의 정체성 지도와 황금 나침판이 보이기 시작한다네."

"그칠 데를 안다는 것이 '나'로 돌아가기와 같은 의미였군요. 그렇다면 그칠 데를 알아야 마음으로 자신만의 정체성 지도와 황금 나침판이 보이기 시작한다는 의미는 무엇인가요?"

"쉽게 이야기하면, 그칠 데를 알아야 보인다는 것은 바쁜 발걸음에서 멈춰 설 줄 알고 손안에 일들을 잠깐 내려놓을 줄 알아야 비로소 진정 중요한 것들이 보이기 시작한다는 의미라네! 달팽이 S의 '나'로 돌아가기가 없다면, 나 자신이 세상에서 갖게 되는 모든 관계와 일들을 있는 그대로 볼 수 없다네."

"그칠 데를 안다는 것의 의미가 참으로 풍부하군요!"

코끼리 M은 멈춰 서는 것과 내려놓는 것이 그칠 데를 안다는 것보다 이해하기 쉬웠다. 하루 종일 자신이 왜 바쁘게 지내고 있는지 모를 때 잠깐 멈춰 서거나, 하고 있던 일이나 자신이 갖고 있는 수많은 욕심과 고정 관념들을 내려놓을 때, 정말 중요한 것들을 보게 되는 경험을 많이 했었기 때문이다.

"이제는 자네가 자신의 정체성 지도와 황금 나침판을 마음의 눈으로 한 번에 모두 볼 수 있게 되었기 때문에, 삶의 의미, 즉 자네가 존재하는 이유에 대해서도 볼 수 있다고 생각하네. 구슬이 서 말이라도 꿰어야 보배라고 하는데 평범하고 무의미해 보이는 하루하루의 일상들, 그리고 자네가 맺은 관계와 하고 있는 일들이 모두 음표가 되어 하나의 멜로디로 서로 연결되었을 때 자네의 삶 자체가 가장 웅장하고 아름다우며 유니크한 악장이 되는 법이라네."

그때 갑자기 코끼리 M은 무엇을 깨달았다는 듯이 큰 소리로 답하기 시작했다.

"아하! 달팽이 선생님이 어제 이야기했던 황금 나선과 관련이 있는 것 같습니다. '나'라는 존재로 돌아가는 것을 돕는 황금 나침판을 통해 마음으로 보면 아무런 의미도 없는 일상생활 속의 사소한 생각과 행동들이 하나하나의 음표가 되어 나만의 유니크한 황금 나선으로 연결된 작품이 된다는 것과 비슷하네요."

코끼리 M은 갑자기 눈을 뜨면서 자신이 그동안 보지 못했던 것들을 마음으로 볼 수 있게 된 것에 스스로도 놀라워했다. 공허하고 혼돈과 어두움으로 가득한 그 어떤 상황 가운데에서도 정체성 지도와 황금 나침판만 있으면 자신만의 황금 나선의 지속 가능한 성장의 길을 찾을 수 있다는 믿음이 생긴 것이다.

"맞네. 우리 각자는 자신만의 유니크한 황금 나선을 갖고 있다네. 마음으로 보기라는 뜻이 바로 정체성 지도와 황금 나침판을 사용하여 언제든지 '나'라는 존재로 돌아가면서 눈으로 보기에는 허무해 보이는 일상에 의미를 부여하는 과정이라네. 의미 있는 관계와 의미 있는 일의 상호 촉진 작용 과정을 통해 또 하나의 픽은 횡규 1선을 형성하면서 이어 나갈 수 있다네. 이렇게 마음으로 보다 보면 자신의 삶 전체를 있는 그대로 받아들이고 바라볼 수 있는 독특한 시각이 생길 것일세."

코끼리 M은 마음으로 보기라는 단순한 한마디 말에 이렇게 풍부한 내용이 담겨 있을 것이라고는 생각지 못했다. 하늘의 별처럼 수많은 삶의 흔적 중에서 의미 없는 사건이란 하나도 존재하지 않는다고 생각하니 그동안 왜 자신을 세대로 보지 못했는지 이해가 갔다.

"선생님, '자신의 삶 전체를 있는 그대로 받아들이고 바라볼 수 있는 독특한 시각'이라는 말이 참 마음에 와닿았습니다. 비록 겉으로는 티 내지 않으려고 많이 노력했지만, 저는 출생의 비밀이 있다는 것 자체가 싫었고 사람들이 지어 준 미스터리라는 이름도 싫었습니다. 그런데 지금 이런 것들도 저의 삶의 중요한 일부분이라고 생각하고 있는 그대로 받아들이려고 마음을 먹으니 모든 것이 다르게 보이기 시작합니다."

코끼리 M은 먼지처럼 허무해 보이던 밤하늘의 모든 별이 갑자기 모두 폴라리스처럼 반짝반짝 빛나는 것 같아 눈이 부셨다. 하루에 자신이 하는 지극히 작은 일들도 특별한 의미가 있다고 생각하니 더 이상 소홀히 대할 수 없을 것 같았다.

"나 자신을 온전히 있는 그대로 받아들이니 모든 것이 소중하고 감사하며 아름다워 보입니다. 하지만 만약 모든 것이 다 소중하고 의미가 있다면, 한 번에 하나의 일밖에 하지 못하는 상황에서 무엇을 먼저 하고 무엇을 후에 해야 하는지를 어떻게 정할 수 있나요? 지금 이 순간, 나의 삶에 있어 우선순위를 정할 수 있다면 얼마나 좋을까요?!"

그렇다. 삶의 의미만큼 중요한 것이 우선순위를 정하는 것이다. 그래야만 우리가 직면한 인생의 갈림길에서 때에 따라 정확한 선택을 할 수 있기 때문이다.

"무슨 일은 해야 하고 무슨 일은 포기해야 하는지, 무엇을 먼저 하고 무엇을 후에 해야 하는지를 정하려면, '시간'이라는 개념에 대해 이해할 필요가 있다네. 내가 자네를 처음 만났을 때 우리가 오전이라는 시간밖에 없다고 하면서 한 말 아직도 기억하는가?"

"기억하고 말고요. 오전이라는 시간은 시계로 측정할 수 있는 시간이 아니고 저의 집중 상태에 따라 길어질 수도 있고 짧아질 수도 있다고 하셨습니다. 저의 문제를 모두 해결하기도 전에 너무 빨리 지나갈까 봐 지금도 선생님의 이 말을 기억하면서 긴장의 끈을 놓지 않고 있어요."

"하하! 자넨 그런 걱정하지 않아도 될 듯하네. 달팽이 선생님의 애제자답게 아주 훌륭하게 잘 따라오고 있네. 지금까지 시간이 얼마나 흘렀다고 생각하는가?"

"시계로 측정할 수 없는 시간이라고 하셔서 시계를 보지도 않았고 선생님과의 대화에만 집중하다 보니 시간이 얼마나 흘렀는지 느낌이 잘 오지 않습니다. 짧은 시간에 엄청난 일들이 일어나고 있는 것은 확실한 것 같고 영원히 잊을 수 없는 깨달음의 순간들도 너무 많았습니다."

여우 F는 고개를 끄덕이면서 시간에 대한 설명을 해 나가기 시작했다.

"이러한 시간들을 카이로스(Kairos)적 시간이라고 하고 주관적 시간이라고도 한다네. 일반적으로 관계적 영역에서 카이로스적 시간이 꼭 필요하다네. 부부간의 관계라든가, 부모와 자식 간의 관계를 포함한 모든 친밀한 관계 속에는 주관적 시간이 더 많이 작동하는 것이 좋다네. 그래야만 관계를 맺고 있는 대상의 깊은 내면에 숨어 있는 만족되지 않은 수요를 제대로 볼 수 있고 그가 갖고 있는 물질적, 정서적, 영혼적 수요들을 만족시킴으로써 둘 다 행복을 느낄 수 있다네. 이와 상반되는 시계로 측정이 가능한 객관적인 시간이 있는데 크로노스(Cronos)적 시간이라는 이름을 갖고 있네. 이러한 시간에는 효율성이 효과성보다 중요하기 때문에 효율성을 요하는 일들을 중심으로 진행하는 것이 바람직하다고 할 수 있네."

"시간도 보이는 시간과 보이지 않는 시간이 있네요!"

얼떨결에 코끼리 M이 내뱉은 말이었다.

"그렇게 이해하는 것이 오히려 더 쉽겠네. '보는 것'과 '안 다는 것', '측정한다는 것'은 같은 의미니까. 자네와 대화를 하다 보면 나도 이렇게 새롭게 깨닫는 것이 많아 너무 좋다네."

"과찬이십니다! 히히!"

코끼리 M은 여우 F가 마치 엄격하면서도 사랑이 많은 엄마 같아 중간중간 이렇게 애교 섞인 웃음을 지으며 친근함을 표시했다.

"보이지 않는 시간과 보이는 시간 개념을 이해하게 되면, 새로운 시간 관리 개념을 적용하여 우선순위를 부여할 수 있게 된다네."

"새로운 시간 관리 개념이라면, 제가 도서관에서 보았던 『성공한 사람들의 7가지 습관』에서 나오는 중요성과 긴급성이라는 두 가지 차원에서 분류하는 것과는 다르다는 말씀인가요?"

"그렇다네. 앞서 이야기했듯이 사건과 관계에 있어 어느 것이 더 중요하고 어느 것이 덜 중요한 문제가 아니고 또한 더 긴급하고 덜 긴급한 문제가 아니라네. 모든 관계와 사건들은 자기에게 적합한 '때'가 있네. 정체성 지도에 따라 적합한 우선순위를 부여함으로써 때에 따라 열매를 맺게 하는 보다 유기적이면서도 다이내믹한 차세대 시간 관리 방법이 될 수 있다네. 그것이 바로 달팽이 선생님이 개발한 정체성 지도이자 황금 나침판이라고 할 수 있지."

"와! 정체성 지도와 황금 나침판이 결국 새로운 시간 관리 방법도 함께 제시해 주네요. 달팽이 선생님도 황금 나선은 정체성 지도 및 황금 나침판과 하나라고 했어요. 시간적 차원에서의 생, 노, 병, 사와 공간적 차원에서의 관계, 일, 습관, 생명이라는 네 영역 전체를 아우르는 개념이라고 하셨죠. 공간적으로 네 영역에 존재하는 모든 별들이 때에 따라 반짝이면서 특별한 우선순위를 형성하고 시간적으로 생, 노, 병, 사의 생명 주기 과정에서 '나'만의 황금 나선을 그릴 수 있도록 안내하는 황금 나침판이 될 수도 있다는 뜻으로 이해해도 되는지요?"

"자네의 이해가 맞네. 모든 사람은 삶에서 생, 노, 병, 사라는 생명 주기를 겪게 되는데 이는 1년이라는 단위에서의 춘, 하, 추, 동, 그리고 하루라는 단위에서의 오전, 오후, 저녁, 밤이라는 주기와 매우 비슷하다네. 생과 사, 춘과 동, 오전과 밤은 보이지 않는 시간인 주관적 시간이 중요한 시간대이고 노와 병, 하와 추, 오후과 저녁은 보이는 시간인 객관적인 시간이 좀 더 중요한 시간대라네. 자네는 인생의 네 개 영역의 정체성 지도를 기반으로 하루, 일 년, 일생이라는 주기에서의 때에 맞게 관계, 일, 습관과 생명(몸, 마음, 영혼)의 일들을 황금 나침판으로 적시적소에 배치하고 행하면 된다네. 그렇게 되면, 오늘을 한평생처럼 살 수 있다네."

여우의 말들을 듣고 있던 코끼리 M은 몸에서 전율이 쫙 흐르고 있음을 느꼈다. 달팽이 S가 제안한 특별한 하루가 바로 그의 일생이고 특별한 오늘 속에 '나'의 정체성 지도를 구성하는 네 개의 영역, 네 명의 친구, 네 개의 생명 주기의 단계가 모두 포함되어 있으며, 본인이 직접 경험하면서 배우고 있다는 사실이 너무 놀라웠다. 코끼리 M은 달팽이 S에게 무한한 사랑과 감사의 마음이 북받쳐 올라오는 것을 겨우 가라앉혔다.

"황금 나침판을 사용하여 우선순위를 정하면서 시간을 관리하는 방법은 오늘 여행이 끝날 즈음에 자네 스스로 깨달을 수 있을 것이라고 생각하고 이제 마지막 주제만 남겨 두고 있다네."

"무슨 주제인가요?"

"어떻게 보면 오늘 아루 띠징에서 가장 중요한 주제일 수도 있지. 우주 만물을 의미 있게 하고 질서 있게 생장하도록 하는 힘 또는 에너지에 관한 주제라네. 그런데 이 주제에 관해서는 내가 가르칠 내용이 별로 없다네."

"선생님, 이렇게 중요한 주제에 대해 가르칠 내용이 없다니! 무슨 말씀이십니까?!"

코끼리 M은 가장 중요한 주제를 여우 F로부터 배울 수 있다고 생각하고 정신을 가다듬고 있었는데 가르칠 내용이 없다고 하니 많이 당황했던 모양이다.

"자네가 어떻게 여기까지 왔는지를 생각해 보면 그 답을 찾을 수 있다네. 어둠 속에서 자연을 움직이는 에너지와 힘은 빛이지만, 절망과 죽음 속에서 사람이 계속 살아갈 수 있도록 움직이는 힘은 사랑이라네. 자네는 본인이 절망 속에 있는 가운데서도 죽음의 위험에 처해 있는 달팽이 선생님을 죽음의 위험을 감수하면서 구해 주었지. 달팽이 선생님은 자네가 목숨을 구해 준 은혜에 보답하기 위하여 기꺼이 죽기 전에 꼭 써야 할 책을 뒤로하고 자네와 함께 특별한 여정을 시작했고. 무엇이 자네와 달팽이 선생님을 움직였다고 생각하는가?"

"저는 사랑에 대해 잘 모르지만, 당시 달팽이 선생님의 등에 있는 황금색 패각이 빛을 발하는 바람에 얼떨결에 한 행동이었을 뿐입니다."

"사랑을 안다고 하는 사람은 많지 않네. 다만, 가장 짙은 어둠이나 가장 절망적인 죽음 앞에서도 꺼지지 않고 끊어지지 않는 것이 사랑이라네. 자네가 용기 있게 한 생명을 구하는 그 행동이 바로 황금색 패각의 빛이고 사랑이라네. 그 빛과 사랑이 자네를 여기까지 이끌고 왔으니. 사랑에 대해서는 자네가 오히려 나를 가르친 셈이 되네."

여우 선생님의 말을 듣고 다시 생각해 보니 틀린 말이 아니었다. 그 시작이 바로 달팽이 선생님의 등에 있던 황금색 패각이었다. 달팽이 선생님이 말했던 시작과 끝, 여기와 저기, 지금과 그때가 하나라는 말씀도 모두 결국에는 답이 달팽이 선생님 등에 있는 황금색 패각에 있었다. 그리고 그 위에 있는 황금 나선이라는 삶의 궤적이 바로 사랑의 힘으로 걸어온 달팽이 선생님만의 길이었다는 것도 깨달았다.

"그동안 흐릿하게만 보였던 황금 나선이 이제 더 또렷하게 보입니다. 바로 사랑의 힘이 '나'라는 존재의 정체성 지도에서 황금 나침판을 통해 나만의 황금 나선을 그려 나갈 때 공허하고 혼돈하며 어둠이 가득한 삶이 의미가 있고 질서가 있는 빛의 삶으로 모두 연결이 된다는 사실도 깨닫게 되었습니다. 새롭게 태어난 이 느낌을 어떻게 말로 선명해야 하고 달팽이 선생님과 선생님에게 어떻게 감사해야 할지도 모르겠습니다. 그냥 너무 많은 기적과 감동이 동시에 저에게 발생하고 있다는 게 감당할 수 없을 만큼 행복하고 기쁩니다."

"자네는 마음으로 어떤 세상에서도 의미와 질서를 발견할 수 있는 능력과 멈출 수 없는 사랑의 엔진까지 장착했으니 이제 호랑이 T를 만나러 떠날 준비도 다 마친 것 같네."

여우 F와의 시간을 마무리하고 떠나야 한다고 생각하니, 갑자기 슬픔이 밀려왔다. 『어린 왕자』라는 책을 보면서 처음부터 호감을 갖고 있던 여우 F로부터 태어나서 이렇게 친절한 사랑의 가르침을 받고 나니 헤어지기가 정말 싫었던 것이다. 여우 F도 코끼리 M과 이별하는 것이 결코 즐거운 일이 아니었다. '어린 왕자'와의 이별을 통해 겪은 슬픔과 깨달음이 있었기에, 여우 F는 코끼리 M을 위로하기 시작했다.

"자네는 절대 우리가 이별한다고 생각하지 말게. 길을 잃고 헤매고 있거나, 삶이 혼란스럽고 엉망진창일 때, 살아갈 희망과 용기가 보이지 않을 때, 달팽이 선생님이 가르쳐 준 정체성 지도로 돌아가 황금 나침판 속에 나를 찾아보게. 난 황금 나침판 속에서 항상 자네와 함께하면서 자네가 공허함 속에서 의미를, 혼돈 속에서 질서를, 그리고 어둠 속에서 사랑의 빛을 마음으로 볼 수 있도록 함께 도울 것이라네."

코끼리 M이 더 슬퍼하기 전에 달팽이 S를 향해 말을 이어 나갔다.

"달팽이 S, 자네가 항상 '그칠 데'를 알아야 한다고 하지 않았나. 이제 코끼리 M과 함께 호랑이 T를 만나러 떠나게. 자네 덕분에 나도 오늘 코끼리 M이라는 대단한 소년을 알게 되었고 그와의 대화를 통해 나도 많은 것을 깨달았다네."

"하하! 자네 말이 맞네. '그칠 데'가 된 것 같네. 나도 코끼리 M을 통해 나와 자네가 항상 함께하고 있는 하나라는 깨달음을 갖고 이별 아닌 이별을 하고자 하네. 코끼리 M을 통해 우리 다섯 친구가 더 끈끈하게 하나로 연결되는 것 같은데 나중에 여행이 끝나고 나면 내가 꼭 해야 할 일도 할 수 있을 것 같다는 좋은 예감이 드네."

"나도 같은 예감이 들었네. 그럼 좋은 여행이 되길 바라면서 코끼리 M에게 작은 시 하나를 선물하도록 하지. 호랑이 T를 만나러 가는 길에서 음미하도록…."

한 알의 모래에서 세계를 보고
한 송이 들꽃에서 천국을 보라.
손바닥 안에 무한을 거머쥐고
찰나 속에서 영원을 보라.
— 윌리엄 블레이크, 「순수의 전조」 중에서

"좋은 시 감사합니다! 여우 선생님, 저의 마음은 항상 선생님과 함께할 것입니다. 그럼 황금 나침판에서 다시 뵐게요!"

코끼리 M은 황금 나침판에서 항상 함께한다는 여우 F 말의 의미를 아직은 잘 모르지만, 그 약속을 잊지 않기로 했다.

2 호랑이의 행동으로 하나 되기

여우 F와 아쉽게 작별을 한 후, 달팽이 S는 코끼리 M을 밀림으로 안내하기 시작했다. 호랑이 T가 살고 있는 밀림은 여우 F가 살고 있는 숲에서 그렇게 멀리 떨어져 있지 않았다. 한 강을 지나면 바로 도착할 수 있는 거리였다. 하지만 코끼리 M은 아직도 여우 F를 만나서 했던 그 대화들과 가르침들, 그리고 아쉬웠던 이별에서 좀처럼 헤어나지 못하고 있었다. 달팽이 S도 코끼리 M의 마음을 잘 알고 있었다.

"자네, 너무 아쉬워하지 말게. 여우 F는 이미 자네 삶의 일부분이 되었고 그가 약속했듯이 앞으로 자네와 항상 함께할 것이라네. 중요한 것은 자네가 오늘 하루 여정을 통해 정체성 지도와 황금 나침판 전체에 대해 제대로 알아야 가능한 일인데 이번에 만나게 될 호랑이 T가 가장 관건이라네. 사람들은 '보는 것', 즉 '아는 것'에만 머물러 있고 아는 것을 행동으로 옮기는 것이 정말 어렵기 때문에 '죽음의 계곡'이라는 말까지 생겨났다네. 호랑이 T는 '파이'라는 소년과 227일 동안 태평양을 표류하고도 살아남은 특별한 경험을 하면서 죽음의 계곡을 넘는 방법을 터득했네. 3년 전에 호랑이 T를 만나지 못했다면, 나도 이 죽음의 계곡을 넘지 못했을 것이네."

코끼리 M은 죽음의 계곡이라는 말에 정신이 번쩍 들었다. 아는 것과 행하는 것 사이에 존재하는 넘지 못할 계곡에 대해 익히 들은 바가 있기에 지금 자신이 감상에 젖어 있을 때가 아니라는 것을 인식했다. 어떻게 잡은 기회인데! 코끼리 M은 이 기회를 그대로 흘려보내고 싶지 않았다. 정신을 가다듬은 코끼리 M은, 얀 마르텔이 쓴『파이 이야기』라는 책과 이안 감독이 연출한 〈라이프 오브 파이〉라는 영화에서 소년 파이와 호랑이 T에 관한 기이한 스토리를 이미 접했기 때문에 멋지게 잘생긴 뱅골 호랑이를 만날 수 있다는 생각에 여우 F와 이별의 아쉬움에서도 조금은 벗어날 수 있었다.

"달팽이 선생님, 저도『파이 이야기』에 대해 조금은 알고 있습니다. 호랑이 T의 본명은 바로 그 유명한 리처드 파커

죠?! 그는 후에 '사람들의 눈에 띄지 않는 곳'에 숨어 있다고 들었는데 선생님 덕분에 이렇게 직접 뵐 수 있는 특권을 갖게 되었네요. 여우 선생님과 이별하여 마음이 아팠는데 많은 위로가 되네요."

"자네도 알고 있었군. 호랑이 T가 바로 그 유명한 리처드 파커라네. 너무 많은 사람이 찾아와 『파이 이야기』에 대해 물어보는 바람에 이름을 호랑이 T로 바꿔 조용히 밀림 속에서 숨어서 살고 있네. 하지만 자네는 걱정하지 않아도 되네. 리처드 파커는 사람들로부터는 숨어 있지만, 어려움에 처한 우리 동물들은 항상 기꺼이 만나 주니까. 그리고 그는 우리를 도와 아는 것과 행하는 것 사이, 가상과 현실 사이, 그리고 선과 악 사이에 존재하는 세 개의 죽음의 계곡을 넘는 방법을 안내해 주고 있다네."

"네, 선생님. 어떻게든 저도 세 개의 죽음의 계곡에서 살아남도록 최선을 다하겠습니다. 선생님도 아시다시피 저에게 넘지 못할 죽음의 계곡이 하나 더 있는데 바로 미스터리 M과 매직 M 두 이름 사이입니다. 선생님이 자웅동체라는 비유를 통해 쉽게 설명해 주셔서 머리로는 파동과 입자의 이중성이라는 어려운 개념을 이해는 할 것 같은데, 마음속에서는 아직도 두 이름이 죽기 살기로 서로 다투고 있는 것 같습니다. 이 계곡도 함께 넘을 수 있겠죠?!"

"물론이네! 나도 리처드 파커를 만나 세 개의 계곡을 넘고 나니, 남자이면서도 여자라는 특별한 정체성 고민에서 해방될 수 있었다네. 머리로만 이해한 것이 아니라, 마음으로 받아들이고 행동으로 하나가 되면서 오히려 '자웅동체'라는 의미를 통해 우주 만물이 존재하는 패턴과 성장의 법칙에 대한 깨달음까지 갖게 되었다네. 난 자네에게 자신이 있네. 왜냐하면 목숨의 위험을 무릅쓰고 나의 목숨을 구한 사건에서 자네는 이미 '행동으로 하나 되기'를 실천했기 때문이네. 때로는 행동을 먼저 한 후, 배후에 있는 도리를 터득하는 경우도 있지."

코끼리 M은 달팽이 S의 성공적인 경험담에서는 위로를 받았고 자신이 이미 행동으로 하나 되기를 실천했다는 말에서는 희망과 용기도 함께 갖게 되었다. 이제야 안심을 한 코끼리 M은 여우 F가 호랑이 T를 만나러 가면서 음미하라며 선물했던 시가 떠올랐다. 강을 건넌 후, 길가에 흩어져 있는 모래알들과 꽃들을 아름다운 시와 함께 마음으로 보니 시간과 공간을 초월한 세계와 천국을 보는 것만 같았다.

달팽이 S는 코끼리 M이 여우 F와 함께 '마음으로 보기'라는 두 번째 미션을 제대로 완성한 것을 감사하게 생각했다.

곧 만나게 될 호랑이 T를 생각하니, 3년 전에 함께했던 아름다운 추억들이 파노라마처럼 떠올랐다.

코끼리 M의 상상과 달팽이 S의 추억은 어느새 그들을 밀림 속 호랑이 T의 거처 부근까지 도착하도록 했다. 도착하기 바쁘게 달팽이 S는 호랑이 T를 부르기 시작했다.

"리처드~ 자네 어디 있나?"

"나 여기 있네!"

호랑이 T는 신기하게도 달팽이 S의 작은 목소리를 멀리서도 잘 들었다. 마치 둘 사이에는 같은 주파수로 서로 진동하면서 통신하는 장치가 있는 듯했다.

"멀리서 친구가 찾아오니 이 또한 즐겁지 아니한가!"

"나도 도착하기 전까지만 해도 자네와의 아름다운 추억속에 빠져 있다가 금방 겨우 헤어났다네. 이렇게 다시 직접 얼굴을 볼 수 있어 무척 기분이 좋네."

둘은 서로 반갑게 인사를 나눈 후, 달팽이 S는 호랑이 T를 찾아온 이유와 오전에 여우 F를 만난 과정을 간략하게 설명해 주었다. 그리고 코끼리 M을 정식으로 호랑이 T에게 소개했다.

"오늘 자네에게 특별한 손님을 소개하러 왔다네. 이 친구가 바로 나의 목숨을 구해 줬고 또한 여우 F가 감탄한 소년 코끼리 M이라네."

"그렇게 까다로운 여우 F가 감탄을 했다니. 참 대단하군! 자네가 나의 친구 달팽이 S의 생명을 구했다면 나에게도 같은 은인일세. 달팽이 S는 우리 다섯 친구 모두를 위해 꼭 해야 할 일이 남아 있다네. 그래서 죽으면 안 되는 몸인데, 자네가 구해 줘서 참 고맙네!"

"안녕하세요. 호랑이 선생님, 얼떨결에 한 작은 행동에 대해 선생님들께서 과분한 칭찬과 감사를 해 주셔서 제가 몸 둘 바를 모르겠습니다. 지금까지 달팽이 S 선생님의 특별한 제안이 아니었다면, 저는 『어린 왕자』에 나오는 여우 선생님, 그리고 『파이 이야기』에서 나왔던 선생님을 꿈에도 보지 못했을 것입니다."

"자네가 나를 '꿈에도 보지 못했을 것'이라고 이야기했는데, 자네는 어떻게 지금 이 순간이 꿈이 아니라고 확신할 수 있지?"

호랑이 T가 만난 지 얼마 되지도 않았는데 갑자기 던진 질문에 코끼리 M은 등골이 오싹해졌다. 전혀 생각지도 않았던 질문에 놀란 코끼리 M은 정신을 차리고 꼬리로 엉덩이를 한 번 힘차게 때려 보았다. 꿈이 아니라는 것을 확인해 보고 싫었던 것이다. 아픈 엉덩이를 꼬리로 어루만지면서 자신 있다는 듯이 대답하고 또한 질문도 했다.

"엉덩이가 심하게 아픈 것을 보아 현실이 맞다고 생각합니다. 선생님은 지금 이 순간이 꿈이란 말씀인가요? 그렇다면 선생님은 어떻게 지금이 꿈이라는 것을 알 수 있죠?"

"답은 마음에 들지 않지만, 질문은 참 잘했네! 자네가 아프다는 것은 자네의 두뇌에 '아프다'는 신호를 누군가가 보낸 결과일 수도 있으니 단순히 아프다는 감각만 갖고 꿈이다 또는 꿈이 아니라고 말할 수는 없다네. 꿈이 아니라는 것을 확인할 수 없을 뿐만 아니라, 꿈이라는 것을 알 수 있는 방법도 사실은 없다네. '꿈인가 생시인가'가 바로 자네가 오늘 나와 함께 건너야 할 세 개의 계곡 중 하나라네."

그제야 코끼리 M은 오는 길에 달팽이 선생님이 이야기했던 '가상'과 '현실'이라는 죽음의 계곡 이야기가 생각났다. 호랑이 T 선생님의 툭 치면서 들어오는 단도직입적인 질문이 바로 자신이 『파이 이야기』를 읽은 후 고민했던 문제 중 하나라는 것도 이제야 생각났다.

"호랑이 선생님, 안 그래도 제가 선생님을 뵈면 꼭 먼저 여쭤보고 싶었던 질문이 바로 이 질문인데, 선생님이 이렇게 갑자기 저에게 먼저 해 주실 줄 몰랐어요. 제가 한동안 마음대로 도서관과 영화관 같은 곳을 드나들 수 있었는데, 그 때 선생님과 소년 파이에 관한『파이 이야기』라는 책과 〈라이프 오브 파이〉라는 영화 모두 재미있게 보았습니다. 주인공인 피신 몰리토 파르텔이 해 준 두 이야기 중 어느 이야기가 사실인지 도저히 구분할 수가 없었습니다. 사람들은 사람들이 나오는 장면이 더 진실이라고 생각하지만 오늘 이렇게 선생님을 직접 만나고 나니 저는 우리 같은 동물들이 나오는 이야기가 더 진실일 것이라는 확신을 갖게 되었습니다. 하지만 선생님의 갑작스러운 질문에 꿈과 생시 사이의 계곡에 다시 빠진 것 같습니다. 호랑이 선생님, 저를 이 죽음의 계곡에서 빠져나올 수 있도록 도와주세요. 그리고 한 가지 작은 부탁이 더 있습니다. 달팽이 선생님은 선생님의 이름을 바로 부르시던데 저도 선생님을 파커 선생님이라고 불러도 괜찮은지요? 히히!"

코끼리 M은 오전에 여우 F와 만나면서 호랑이 T와 더 빨리 가까워지는 방법도 함께 터득한 듯했다. 만나는 즉시 바로 이렇게 애교도 부리고 더 친근한 호칭에 대한 요청도 했다.

"당연히 괜찮지. 자네가 나와 '파이'라는 소년에 관한 책과 영화를 보았다니 나로서는 정말 영광이군. 파커 선생님이라고 부르면 난 고맙지. 자네의 방문은 나에게 '파이'에 대한 추억들을 많이 소환하게 만들었네. M과 π라는 이름도 의외로 비슷하고 삶에 대한 고민과 호기심도 비슷하여 오늘 오후는 나에게도 특별한 시간이 될 것 같군. 다만, 자네가 여우 F로부터 이미 전해 들었겠지만, 나와 함께 하는 오후 시간은 시곗바늘이 돌아가는 것이 매우 정확해서 우물쭈물할 시간이 없다네. 그래서 마침 꿈 이야기가 나와서 바로 주제로 들어갔는데, 자네도 이렇게 불쑥 요청을 하는 것을 보니 행동으로 하나 되기 방면에 소질이 있어 보이는군."

"칭찬 감사합니다. 파커 선생님! 이렇게 부르니 더 친근한 느낌이 들어 너무 좋습니다. 선생님의 첫 번째 질문에 정신이 번쩍 들었답니다. 질문을 받고 심장이 쿵쿵거리면서 두근거리기 시작했는데, 지금은 귓가에서 째깍째깍하면서 달리는 초침 소리까지 들릴 정도예요."

호랑이 T는 자신의 영혼의 단짝인 파이처럼 코끼리 M도 행동으로 하나 되기에서 꼭 필요한 태도와 자세를 잘 갖추고 있음을 확인하고 만족한다는 듯이 고개를 끄덕이면서 달팽이 S에게 미소를 지어 보였다.

"말이 나온 김에 '꿈인가 생시인가'라는 주제로 돌아가면 좋겠지만, 이 문제를 이해하려면 아는 것과 행하는 것 사이의 계곡을 먼저 넘어야 할 필요가 있다네. 이를 위해 달팽이

S의 '나'로 돌아가기와 여우 F의 마음으로 보기에 대해 잠깐 돌이켜 보세. 자네가 오전에 여우 F로부터 배운 것 중, 가장 인상에 남는 것이 무엇인지를 이야기해 줄 수 있겠는가?"

"여우 선생님과 함께했던 순간순간이 모두 잊을 수 없는 시간들이었어요. 하지만 굳이 하나만 꼽으라면 마지막에 가르쳐주신 '빛과 사랑'에 관한 내용입니다. 여우 선생님은 우주 만물을 움직이는 것은 에너지인 빛이지만, 인간 사회를 움직이는 멈추지 않는 영원한 엔진은 사랑이라고 했습니다. 여우 선생님이 사랑에 대해 가르치며 달팽이 선생님과 저의 만남과 관계를 예로 들었을 때, 저는 솔직히 마음이 울컥했습니다."

코끼리 M은 여우 F의 이야기를 하다 보니 어느새 그리운 마음이 다시 들기 시작했지만, 이제는 자신이 마음으로 이 세상을 볼 때마다 여우 F 선생님이 바로 옆에서 자신을 돕고 있는 것 같아 항상 함께 있는 것만 같았다.

"자네와 달팽이 S의 만남이 빛과 사랑이 함께한 것은 맞네. 안 그런가?"

"파커 선생님, 어떻게 아셨죠?! 다시 생각해 보니, 달팽이 선생님의 등에 있는 패각이 제가 보면서 기도를 했던 폴라리스처럼 빛을 내는 바람에 얼떨결에 한 행동이라고 생각했는데 이제 보니 빛이 있었고 사랑도 있었네요!"

"맞네. 바로 그 빛과 사랑이 우리 모두를 이어 주는 힘과 에너지이자 연결 고리라네. 빛과 모든 물질이 갖고 있는 파동과 입자라는 이중성은 사실 달팽이 S의 자웅동체에서만 나타나는 것이 아니라, 사람을 포함한 우주 만물이 갖고 있는 공통의 속성이라네."

"어제저녁 달팽이 선생님도 '나'로 돌아가기를 설명할 때 자신의 자웅동체의 고민을 예로 파동과 입자라는 이중성의 의미에 대해 자세히 설명해 주셨어요. 이를 이해하기 위해 달팽이 선생님은 보는 것의 의미와 본질에 대해 잠깐 이야기 하면서, 비춘다는 것 또는 관측하는 것이 곧 보는 것이고 아는 것이라고 했어요. 오전에 여우 선생님은 눈으로 보는 것에서 마음으로 보는 것으로 확장하여야 허무하고 무질서하며 어두운 불확실한 파동의 상태에서 의미 있고 질서가 있으며 빛과 사랑으로 가득한 확실한 입자의 상태로 바꿀 수 있다는 이야기도 해 주셨습니다. 하지만 달팽이 선생님이 이야기했던 파동이라는 불확실한 존재 상태와 입자라는 확실한 존재 상태는 사실 '하나'라는 부분이 마음에 걸립니다. 구체적으로 무엇과 무엇이 하나가 되는지는 아직도 명확하지가 않습니다. 그리고 가장 어려운 점은, 저는 아직도 미스터리

M이 너무 싫다는 생각과 미스터리 M과 매직 M이 모두 '나'의 일부분이라는 사실을 머리로만 알고 있지 행동으로는 옮기지 못하고 있다는 점입니다. 달팽이 선생님도 이 과제는 조금 더 시간을 갖고 오늘 파커 선생님을 만나면 해결된다고 하셨습니다."

코끼리 M은 자신이 이해하고 말한 것이 맞는지 궁금해서 이마 머리 위에 앉아 있는 달팽이 S에게 눈길을 보냈다. 달팽이 S는 더듬이로 박수를 치면서 잘했다고 칭찬하고 응원도 해 주었다.

"자네가 이 정도까지 이해하고 있을 줄은 몰랐네. 여우 F가 감탄할 만하군!"

호랑이 T도 코끼리 M이 보여 준 나이에 걸맞지 않은 이러한 깨달음의 수준에 놀랐다.

"훌륭한 스승들과 뛰어난 제자 덕분에, 세 개의 죽음의 계곡은 어느새 아름다운 생명의 계곡으로 바뀔 것 같은 기분이 드네. 오후에 배울 주제는 한마디로 말하면 '하나 되기'라네. 즉, 아는 것과 행하는 것, 가상과 현실, 그리고 선과 악의 하나 되기라네. 자네가 이미 달팽이 S로부터 파동이라는 불확실한 존재 상태와 입자라는 확실한 존재 상태가 사실 '하나'라는 부분까지 이해했다면 구체적으로 모순처럼 느껴지는

관계들의 '하나 되기'를 이해하는 것은 그렇게 어렵지 않다
네. 그럼 이번엔 거꾸로 먼저 선과 악 사이에 존재하는 죽음
의 계곡부터 넘어 보는 것은 어떤가?"

"다 훌륭하신 선생님들을 만난 덕분입니다. 어제 달팽이
선생님을 만나기 전까지만 해도, 저의 삶은 엉망진창이었고
아무런 희망도 보이지 않았습니다. 그런데 이제는 허무해 보
이던 '나'라는 존재의 의미가 보이기 시작하고 혼돈 속에 빠
진 삶에 질서가 형성되면서 짙은 어둠이 빛과 사랑으로 넘치
고 있는 것 같습니다. 파커 선생님, 왜 먼저 선과 악의 문제
부터 다루죠?"

"자네가 조금 전에 말하는 과정에서 미스터리 M이라는
이름에 대해 안 좋은 감정이 있는 것 같던데, 이는 자네가 좋
고 나쁘고, 맞고 틀리고, 선하고 악하고를 분별하고 시비하
는 마음을 아직 갖고 있다는 뜻이네. 이러한 시비와 판단을
계속하게 되면, 마음으로 보는 데에 한계가 있을 뿐만 아니
라, 아는 것과 행하는 것 사이의 관계에도 영향을 미치게 된
다네."

"어릴 때부터 단장님과 사람들이 제가 갖고 있는 출생의
비밀 때문에 지어 준 이름이어서 좋은 감정을 가질 수가 없
었어요. 신기하게도 저의 이름을 부를 때 미스터리 M이라고

생각할 때는 우울한데, 매직 M이라고 생각할 때면 기분이 좋아졌어요. 그럼 어떻게 해야 이와 같은 분별하고 시비하는 마음을 극복할 수 있나요?"

"판단하고 분별하고 시비하는 마음을 버리고, 모든 존재를 '있는 그대로' 바라볼 필요가 있다네. 분별하고 시비하는 것은 우리의 영역이 아니라네. 자네가 판단을 하는 순간, 어떤 기준에 따라 선과 악을 구분하고, 좋아하는 것과 싫어하는 것을 분별하며, 맞고 틀리고를 판단하다 보면, 우주 만물을 있는 그대로 볼 수 없게 된다네."

"미스터리 M은 싫어하고 매직 M은 좋아하는 것과 같은 분별의 마음이 저로 하여금 '나'라는 존재를 있는 그대로 바라볼 수 없게 했네요. 여우 선생님도 삶 전체를 온전히 있는 그대로 받아들이라고 했는데 제가 그렇게 행하지 못하는 이유는 아직도 저의 마음속에 분별하고 시비를 따지며 판단하는 마음이 있었기 때문이네요."

코끼리 M은 돌이켜 생각해 보니, 여우 F도 분명하게 공허해 보이는 일상마저도 온전히 있는 그대로 받아들이라고 했는데 그렇게 하지 못한 자신을 발견했다.

"맞다네. 자네가 만약 자신의 삶에서 미스터리 M이라는 요소를 빼고 한번 생각해 보게. 온전한 '나'라는 존재를 드러

내고 있는지? 그것은 코끼리 M이 아니라 코끼리 E 또는 다른 코끼리가 되겠지. 이 세상에 오직 하나의 코끼리 M이 있다는 것은 미스터리 M과 매직 M을 포함하여 자네의 정체성 지도에서 나타나는 모든 보이는 것과 보이지 않는 것들의 총체라네. 즉, 이 모든 것들을 있는 그대로 바라보고 의미를 찾아야 하는데 그 의미는 오직 달팽이 S가 말하는 '나'라는 존재로 돌아가 여우 F가 말하는 마음으로 보기를 통해 이루어진다네."

"제 삶에서의 경험들 중 그 어떤 것도 버릴 것이 없다는 말씀으로 돌아왔네요. 살다 보면, 정말 경험하기 싫은 일들을 겪게 되고, 정말 만나기 싫은 사람들도 만나야 하며, 죽어도 하기 싫은 일들도 해야 하는 등 어쩔 수 없는 상황을 접하게 되는데요. 내 안에 자리한 선악을 분별하고 시비하는 마음에 가려서 이제까지 나를 둘러싼 일들의 의미를 제대로 보지 못했군요"

"선과 악을 알고 사람과 사건을 판단하는 마음은 모든 사람에게 있다네. 사람들은 각자의 기준을 갖고 심지어 자기 자신까지 판단하면서 마치 신이라도 된 것처럼 착각하면서 산다네. 이는 꼭 자네만의 문제가 아니라 여우 F를 포함한 우리 네 명의 친구들도 자기중심적 판단 기준을 내려놓는 방법을 찾지 못해 고생을 많이 했다네. 그러던 어느 날 달팽이 S가 찾아오게 되면서 우리는 선과 악을 판단하는 마음을 내려놓을 수 있게 되었다네. 달팽이 S의 '나'로 돌아가기가 바로 그칠 데를 아는 지혜이고 최고선의 경지인 이유라네."

"파커 선생님, 선생님이 말씀하신 첫 번째 죽음의 계곡의 무서움을 깨닫게 되었습니다. 제가 달팽이 선생님을 통해 정체성 지도와 황금 나침판에 대해 배우고, 여우 선생님으로부터 마음으로 보기까지 배웠음에도 불구하고 판단하는 마음이 아직도 살아남아서 제가 행동하는 것을 방해하고 있었네요."

코끼리 M은 다시 한번 정신을 가다듬고 눈을 감으면서 판단의 마음을 내려놓고 그토록 싫어하던 미스터리 M이라는 이름까지 포함해, 자신과 관련된 세상 모든 것들을 있는 그대로 보고 있는 그대로 받아들이는 시도를 해 보았다. 자신이 맺었던 관계와 했던 모든 일들을 판단하지 않고 보기 시작하니 '나'라는 존재와 정체성이 더 온전하게 보였다.

"선과 악 사이의 죽음의 계곡을 넘고 나니, 아는 것이 곧 행하는 것이 되고 행하는 것이 곧 아는 것이 되네요. 그동안 행하지 못했던 이유는 제대로 알지 못했기 때문인데, 제대로 알지 못했다는 것은 또한 제대로 세상을 보지 못했기 때문이니, 보는 것과 행하는 것은 사실 하나이고 여우 선생님과 파커 선생님도 사실은 하나군요."

"선과 악 사이의 계곡을 넘으면, 아는 것과 행하는 것 사이의 계곡 또한 이렇듯 더 깊이 이해하게 될 거라 자신했다네. 다시 정리하자면, 달팽이 S의 '나'로 돌아가서 여우 F의 마음으로 보기를 통해 자네 삶의 의미를 찾게 되면 자네가 경험한 모든 관계와 일들로부터 의미를 찾을 수 있게 된다네. 그 의미는 사랑이라는 엔진을 통해 자네의 삶을 질서 있게 하나의 끈으로 연결시켜 주면서 자네만의 황금 나선이 그려진다네. 마치 달팽이 S 등에 있는 황금 패각에 그려져 있는 황금 나선처럼 말일세."

"와! 지금까지 제가 배웠던 모든 것들이 파커 선생님의 말씀 한마디를 통해 정리가 되네요. 저만의 황금 나선을 그릴 수 있다고 하시니 너무 기분이 좋습니다. 달팽이 S 선생님의 등에서 황금 패각을 발견하고 그 위에 있는 황금 나선을 보는 순간 저도 이렇게 아름다운 황금 나선을 갖고 싶었습니다."

호랑이 T는 코끼리 M이 황금 나선에 대해 특별히 관심을 갖고 있는 것을 보고 미리 나비 B에 대해 잠깐 소개해 주었다.

"자네가 황금 나선에 대해 관심이 많은 것 같은데, 마지막에 만나게 될 나비 B가 자네에게 황금 나선의 비밀에 대해 보다 자세하게 이야기해 줄 것이라네. 그전에 흰토끼 R의 토끼굴부터 지나야 하니 조금만 더 참게."

"네, 파커 선생님! 달팽이 선생님은 '인생이란 본래 무거운 짐을 지고 먼 길을 가는 것이니 서두르지 말란 말이 있단다'라고 저에게 가장 먼저 말씀해 주셨어요. 달팽이 선생님이 평생을 바쳐 걸었던 길을 저는 하루 만에 걷고 있으니 욕심을 버리고 서두르지 않으면서 하나도 빠뜨리지 않고 차근차근 배워 나갈 생각입니다. 히히!"

코끼리 M은 달팽이 S가 처음 했던 말을 흉내 내면서 분위기를 즐겁게 했다. 달팽이 S도 코끼리 M이 자신이 한 말들을 하나도 빠뜨리지 않고 기억하고 있다는 사실이 기뻤다.

"하하! 하나도 빠뜨리지 않고 다 배우겠다면서도 욕심을 버리겠다고 하니, 자네도 참 재미있는 친구인 것은 분명하네. 그럼 지금 바로 처음에 이야기하다가 잠깐 보류했던 꿈인가 생시인가와 관련된 죽음의 계곡으로 돌아가는 것은 어떤가? 하나라도 빠뜨리면 안 된다고 했으니… 하하!"

"네, 파커 선생님. 안 그래도 저는 이 문제가 너무 궁금해서 겨우 참고 있었습니다. 저는 분명히 현재 선생님과 생생한 대화를 하면서 현실을 살고 있다고 생각하는데, 선생님은 저에게 '꿈이 아니라는 것을 어떻게 증명하지'라는 본인도 증명할 수 없는 질문을 해 주셨어요. 마치『파이 이야기』에서 주인공이 우리에게 '어느 이야기가 진실인가?'라는 문제만 던지고 답은 독자 스스로의 선택에 맡기듯이 말입니다. 파커 선생님은 파이를 가장 잘 알 것이라고 생각하는데, 파연 무엇이 진실인가요?"

"난 자네에게 진실에 대한 답을 줄 수 없다네. 대신 자네를 도와 음과 양, 허와 실, 무와 유, 꿈과 생시라는 보이지 않는 0과 보이는 1 사이에 존재하는 죽음과 생명의 계곡을 넘도록 안내할 것이네. 자네 혹시 장자라는 사람이 쓴 호접지몽, 즉 '나비의 꿈'이라는 이야기를 읽은 적이 있는가?"

"읽긴 읽었는데, 무슨 이야기를 하는지 이해할 수 없었습니다."

"이 우화에서 장주는 본인이 꿈에 나비가 된 것인지, 아니면 나비가 꿈에 자신이 된 것인지, 본인과 나비, 생시와 꿈의 차이를 구분할 수 없다고 했지. 자네와 내가 꿈인지 생시인지 증명할 수 없는 것처럼 말일세."

"동서양의 고전이나 우화들은 읽기는 쉬운데 제대로 이해하기 어려웠습니다. 호접지몽에 대해 좀 더 자세히 설명해 주실 수 있나요?"

"자네가 영화를 좋아해서 많이 보았다면, 영화를 사용해서 설명하는 것이 좀 더 쉬울 것 같네. 이 주제를 다룬 영화들은 많지만, 그중에서도 가장 유명한 영화가 〈매트릭스〉라네. 신기하게도 영화의 감독들은 처음엔 워쇼스키 형제였다가, 나중에는 워쇼스키 남매가 되었다가 결국에는 워쇼스키 자매가 되는 과정을 겪었다네. 난 그들이 겪은 달팽이 S와 같은 극심한 성 정체성 혼란과 〈매트릭스〉 영화에서 전하고자 하는 메시지가 매우 밀접한 관계가 있다고 생각하네. 〈매트릭스〉는 종교와 철학, 그리고 현대 과학의 이론들까지도 포함한 명작이어서 『매트릭스로 철학하기』라는 책까지 나왔다네."

"저도 그 책을 도서관에서 본 적이 있어요. 영화 〈매트릭스〉에 대해 사람들이 각자 서로 다른 철학적 시각에서 설명하는 책인 것으로 알고 있습니다. 읽어 보고 싶었지만, 목차만 봐도 제가 읽기에는 너무 어려운 책이라는 것을 알고 포기했던 책이어서 더욱 기억에 남습니다."

"이렇게 어려운 책들은 이해하지 못해도 괜찮다네. 하지만 자네가 이 정도로 많은 책과 영화들을 알고 있다는 사실이 더 놀랍군. 자네가 '나'를 찾기 위해 달팽이 S 못지않게 많은 노력을 했다는 것이 자네가 본 영화와 책들을 보면 어느 정도인지 가늠할 수 있다네. 자네가 책과 영화들을 보면서 자네의 인생 문제들에 대한 해답을 찾지 못한 이유는 동서양 철학책을 읽을 때 나타나는 수많은 '개념'과 '비유'들 때문이라네."

"네, 파커 선생님. 저는 한 개념을 이해하기 위해서 항상 새로운 단어까지 만들면서 또 다른 새로운 개념을 생성하는 철학자들을 보면 머리가 아픕니다. 히히!"

"하하! 자네가 내가 하고 싶었던 말을 속 시원하게 해 주었군. 사람들에게는 새로운 개념과 이론을 만들어 내는 특별한 재주가 있지. 바로 사람들이 사용하는 언어와 의미 시스템 때문인데, 이 세상을 더 잘 이해하려고 만들어 내고 있지만 오히려 방해하는 경우가 있다네. 그래서 난 나와 함께했던 파이를 아주 좋아하네. 어른이 된 파이는 사람들에게 두 가지 버전의 이야기를 들려주었네네. 두 이야기 모두 사람들에게 충분한 상상의 여지를 남겨 주기 때문에, 언어나 개념, 그리고 틀로 설명할 수 없는 영역까지 확장이 가능하다네."

호랑이 T와 코끼리 M은 질문과 대답을 쉬지 않고 주고받으면서 대화를 이어 나갔다. 달팽이 S는 이 광경을 지켜보는 것만으로도 너무 행복했다. 오전에도 느꼈던 것이지만, 객관적인 시각으로 친구들과 코끼리 M의 대화를 지켜보다 보니 3년 전에 본인이 놓쳤던 많은 것들을 다시 깨닫게 된다는 점에서 더욱 기뻤다. 특히 호랑이 T가 한 마지막 말은 달팽이 S의 꽉 막혔던 가슴을 뻥 뚫리게 해 주었다.

"리처드, 자네의 말은 내가 자네들과 약속했던 책을 쓰려고 모든 경전과 책들을 인용하면서 시도해 보았는데도, 더 이상 써 내려가지 못한 이유를 깨닫게 해 주었네. 지난 몇 개월 동안 황금 나선이라는 패턴과 법칙을 설명하기 위해 모든 추상적인 숫자, 개념과 이론들을 다 가져다 인용하면서 써 보았지만 실패한 그 이유를 자네가 정확하게 설명해 주었어. 이제 새로운 돌파구를 찾을 수 있을 것 같다는 생각이 드네!"

"코끼리 M에게 한 말이 자네가 완성해야 할 책에 영감을 주다니. 자네가 코끼리 M과 함께 다시 오기 참 잘 잘했네. 자네도 잘 알겠지만, '바둑을 직접 두는 사람보다 옆에서 구경하는 사람이 수를 더 잘 읽는다'고 자네가 오늘 하루 볼 수 있는 새로운 수들이 더 많다고 생각하네."

달팽이 S는 호랑이 T의 말에 맞장구를 치고 싶었지만 입을 바로 다물었다. 한편으로 코끼리 M의 소중한 시간을 빼앗고 싶지 않았고, 다른 한편으로 자신이 왜 코끼리 M을 만나게 되고 이렇게 자신의 삶을 코끼리 M과 함께 다시 한번 살 수 있는 기회를 갖게 되었는지도 찾아냈기 때문이다. 달팽이 S는 호랑이 T에게 계속하라는 눈짓을 보내고 자신은

'나'라는 존재로 돌아가 자신이 죽기 전에 꼭 써야 할 책을 새롭게 구상하는 일에 집중하기로 했다.

"이 얘기를 우리 다음번에 하고 일단 코끼리 M과의 대화를 계속 나아가도록 하지."

호랑이 T도 오랜만에 만난 친구 달팽이 S와 하고 싶은 이야기가 너무 많았지만, 오늘은 코끼리 M의 인생 문제들을 해결하는 데 집중하기로 했다.

"사실 〈매트릭스〉에서 이야기하는 기계와 인간, 가상과 현실이라는 관계에 대해서는 흰토끼 R과 함께 더 생생하고 입체적으로 다룰 수 있는 좋은 기회가 있다네. 우리에게 주어진 시간이 얼마 남지 않았기에, 음과 양, 허와 실, 꿈과 생시라는 주제에 초점을 맞추는 것이 좋을 것 같네. 결국에는 달팽이 S의 '나'로 돌아가 여우 F의 마음으로 보는 것의 의미로 돌아갈 수밖에 없다네. 나와 빛, 그리고 우주 만물이 파동과 입자라는 이중성을 공유하고 있다는 의미는 나와 우주 만물 또한 하나라는 의미라네. '나'라는 정체성 지도에서 볼 수 있듯이 자네가 '보는 것', '아는 것', '꿈꾸는 것', '상상하는 것'과 '믿는 것'을 포함한 모든 경험과 인식들이 나에게 진실이 된다네. 다시 말하면, 자네가 무엇을 보고 무엇을 믿는가가 자네의 현실이 된다는 뜻이라네."

"파커 선생님, 선생님의 이야기를 들으면서 저의 몸에는 전율이 계속 흐르고 있는 느낌입니다. 제가 무엇을 보는가, 무엇을 아는가, 무엇을 상상하는가, 무엇을 믿는가에 의해 '나'의 현실이 결정된다는 이야기가 너무 놀랍습니다. 그동안 제가 눈으로 본 것, 다른 사람들이 알려 준 것, M이라는 이름에 대한 두 가지 모순되는 감정, 그리고 폴라리스 같은 존재가 나타나 달라고 했는데 달팽이 선생님이 나타난 이 모든 것이 저에게는 현실이고 진실이네요. 그렇다면 저에게는 꿈을 꾸고 있는지 아니면 생시인지도 더 이상 중요하지 않다는 말씀이고 제가 미스터리 M인지 아니면 매직 M인지도 중요하지 않으며 나 자신이 이 세상을 어떻게 보는가가 더 중요하다는 말씀이네요."

"자네가 드디어 미스터리 M과 매직 M 사이의 죽음의 계곡을 넘어간 것 같군. 그래서 아는 것이 행하는 것이 되는데 자네가 보는 것이 현실이 되기 때문이라네. 결국에는 자네의 행동이 자네가 보는 것을 나타내 주고 자네가 아는 것이 행동으로 드러나게 마련이라네. 아는 것과 행하는 것 사이에 죽음의 계곡이 존재하는 이유는 사람들이 달팽이 S가 이야기하는 '나'를 잘 모르기 때문이라네. '나'라는 정체성 지도를 그리고 황금 나침반을 장착하게 되면 자네도 '나'라는 존재가 드러나는 것을 보게 되고 행할 수 있게 된다는 의미라네."

호랑이 T의 이러한 가르침을 들은 코끼리 M은 눈물을 흘리기 시작했다. 그동안 자신을 그토록 괴롭혔던 출생의 비밀, 그리고 그토록 싫어했던 미스터리 M과 매직 M 사이의 갈등에서 완전히 탈출하고 해방되는 느낌을 갖게 되어 갑자기 눈물이 왈칵 쏟아졌던 것이다.

이 모습을 지켜보고 있던 달팽이 S도 3년 전 자신의 모습을 보는 것만 같아 한마디 더했다.

"내가 왜 리처드에게 그토록 고마워하는지 자네도 이젠 알게 될 것 같군. 그 감동을 자네도 오랫동안 간직하길 바라네."

호랑이 T는 제한된 시간에 행동으로 하나 되기의 모든 내용을 소화한 코끼리 M이 대견스러웠다. 그리고 마지막 인사를 하면서 아래와 같은 말을 했다.

"아는 것과 행하는 것, 가상과 현실, 선과 악이라는 이 세 개의 죽음의 계곡을 통과한 것을 진심으로 축하하네. 달팽이 S가 가르친 '나'로 돌아가지 않고 여우 F가 이야기한 '보는 것'의 의미를 제대로 이해하지 못하면 절대로 통과하지 못하는 계곡이라네. 이 외에도 세상에는 이와 비슷한 이원론적 함정들이 도처에 숨어 있다네. 무엇이 가짜고 무엇이 진짜며, 무엇이 맞고 무엇이 틀린지가 중요한 것이 아니라 '나'라는 정체성 지도를 바탕으로 여우 F의 마음으로 진정 중요하고 의미 있는 관계와 의미 있는 일들을 제대로 '보는 것'이 중요하다네. 제대로 보게 되면 행하게 되는데 이러한 '나'라는 존재와 정체성에 맞는 작은 행동 하나하나가 연결되어 자네의 유니크한 황금 나선을 형성하게 될 것이네. 여기에서 아는 것과 행하는 것, 가상과 현실, 선과 악의 구분은 모두 없어진다네. 이 점을 알게 되면 자네는 흰토끼 R을 만나 토끼굴로 들어갈 준비를 마쳤다는 것을 의미하네. 토끼굴은 위험하지만 꼭 필요한 터널이니 자네의 행운을 빌도록 하지."

"파커 선생님, 대단히 감사합니다. 선생님의 가르침들을 하나도 빠짐없이 명심하고 행동으로 하나 되는 코끼리 M이 되도록 하겠습니다. 여우 선생님도 황금 나침판에서 저와 항상 함께한다고 하셨는데 파커 선생님도 함께하시는 것 맞죠? 오늘 선생님과 보낸 이 소중한 시간과 감동을 오랫동안 간직하면서 황금 나침판에서 다시 뵙겠습니다!"

"그렇다네. 우리 꼭 황금 나침판에서 다시 보는 것을 약속하지! 달팽이 S, 오늘 오후 참 즐거운 시간이었어. 자네는 나에게 또 하나의 큰 선물을 주었어. 이 아름다운 소년을 나에게 소개해 주다니! 자네도 잘 가고 우리의 약속도 잊지 말게."

"감사해야 할 사람은 나네. 3년 전에는 나의 가장 큰 고민이었던 자웅동체 문제를 해결해 주었고 이번에는 우리 공통의 염원인 책 쓰기와 관련해서 새로운 영감과 돌파구를 마련해 주었네. 이 소원이 이루어지면 우리 함께 파티 한번 제대로 하기로 약속하지!"

"당연히 파티를 열어야지!"

달팽이 S와 코끼리 M은 호랑이 T와 아쉬운 작별을 하고 초원에 살고 있는 흰토끼를 만나기 위해 바로 출발했다. 흰토끼 R이 사는 초원은 밀림을 에워싸고 흐르는 그 강을 다시 지나야 했다. 다리를 건너고 있는데, 마침 해가 지기 시작하면서 아름다운 저녁노을이 강물을 비추고 있었다. 달팽이 S도 코끼리 M과 함께 오전과 오후에 여우 F와 호랑이 T를 만난 이 시간들이 너무 행복하고 아름다웠다. 아름다운 순간들을 회상하며 영원히 마음속에 간직하기 위하여 달팽이 S는 시 한 편을 즉흥적으로 지어 코끼리 M에게 선물해 주었다.

한 강

한 많은 강을 건너 찾은 새로운 세상이더냐.
한없는 강산을 향한 새로운 희망이더냐.
한 강을 사이로 살고 있는 여우와 호랑이는

똑같이 아름다운 저녁 노을을 보고 있나니.
누군가는 이 강에 죽음의 계곡이 있다고 하지만
난, 노을빛에 짙게 물든 사랑의 물길만 보았노라.

3 토끼의 루틴으로 들어가기

어느새 해도 완전히 지고 어둠도 점점 짙어지기 시작했다. 구름에 가려진 밤하늘에는 폴라리스도 보이지 않았다. 코끼리 M과 달팽이 S는 마치 끝이 보이지 않는 어둠의 터널에 들어선 것만 같았다. 다행스럽게도 멀지 않은 곳에서 흰토끼 R이 한 손에 초롱불을 들고 다른 한 손으로는 회중시계를 보면서 기다리고 있었다.

"흰토끼 R, 다시 만나서 반갑네. 자네 어떻게 알고 이렇게 마중까지 나와 있나?"

"나도 반갑네, 달팽이 S. 오후에 여우 F가 다녀갔어. 단잠을 자고 있는 나를 기어코 깨워 오전에 자네가 어린 왕자 같은 멋진 소년 코끼리 M을 데리고 방문한 과정을 자세히 이야기해 주고 갔다네. 귀한 손님이 멀리서 오는데 어두운 밤길에 마중 안 나오면 되겠는가?"

"토끼 선생님, 인사드리겠습니다. 저의 이름은 코끼리 M이라고 하는데 제가 바로 여우 선생님이 이야기하신 어린 왕자예요. 히히!"

첫 만남에도 거리낌 없이 능청스럽게 작은 농담까지 하는 것을 보아 코끼리 M은 달팽이 S와 그의 친구들이 모두 가족처럼 편하게 느껴지고 있음을 알 수 있었다.

"반갑네. 우리 어린 왕자님! 자네 이제 우리와 한 가족이다 됐네. 하하!"

빨간 눈을 하고 있는 흰토끼 R은 다시 회중시계를 꺼내 보고는 그들을 서둘러 토끼굴로 안내하기 시작했다. 달팽이 S를 머리에 태운 코끼리 M은 뒤를 바짝 따라 걸었다. 코끼리 M은 한편으로 흰토끼가 안내해 줄 토끼굴이 무척 궁금했지만, 다른 한편으로는 자신이 들어갈 수 있을까 걱정하는 마음도 있었다.

"토끼 선생님, 『이상한 나라의 앨리스』에서 나오는 앨리스가 떨어졌던 토끼굴인가요? 만약 같은 토끼굴이라면 제가 토끼굴에 들어갈 수 있을지 조금은 걱정이 됩니다. 제 덩치가 워낙 커서요. 마실 것이나 먹을 것 있으면 먼저 주세요. 저도 앨리스처럼 작아졌다 커졌다 할 수 있으면 가능할 것 같습니다. 히히"

이때 달팽이 S가 대신 대답했다.

"자네, 걱정하지 말게. 흰토끼 선생님이 항상 회중시계를 들고 다니는 이유가 모든 것을 빈틈없이 완벽하게 준비하기 위함이라네! 하하!"

코끼리 M은 달팽이 S의 말을 믿으면서도 걱정되는 마음을 떨칠 수 없었다.

"친구, 난 그 말을 자네의 칭찬으로 받아들이겠네. 하하!"

흰토끼 R의 대답에 모두 다 함께 박장대소하며 토끼굴이 있는 곳으로 향했다.

얼마 걷지 않았는데, 입방체 형태로 지은 작은 초가집 하나가 보이기 시작했다.

"저 집이 바로 나의 '토끼굴'이라네."

"토끼 선생님, 원래 예상했던 『이상한 나라의 앨리스』에서 나오는 그 토끼굴과는 완전히 다르지만, 이 토끼굴도 보기만 해도 너무 작아 저는 도저히 들어갈 수 없을 것 같습니다."

"여우 F와 리처드를 만나고 온 우리 어린 왕자가 맞나요?!

하하! 자네 아직도 눈으로 보이는 것이 전부라고 생각하는가? 아직도 시도조차 해 보지 않고 판단부터 하는가? 나에겐 『이상한 나라의 앨리스』에서 나오는 '마시면 작아지는 병이나 먹으면 커지게 하는 케이크' 같은 것은 없다네. 우선, 스스로 작은 토끼굴에 들어갈 수 있는 방법을 한번 찾아보게."

코끼리 M은 흰토끼가 하는 말이 무슨 뜻인지 알고 있지만, 자신도 모르는 사이에 원래 하던 대로 생각하고 행동하고 있었다. 마치 무엇이 자신을 뒤에서 밀고 앞에서 당기고 있는 것 같았다.

아무리 살펴보아도 입방체 모양의 작은 초가집은 흰토끼 R 혼자만 들어갈 수 있는 크기의 문 하나만 갖고 있었다. 들어가려고 잘못 시도했다간, 흰토끼의 이 토끼굴을 완전히 박살 낼 수 있다는 생각이 들 정도였다. 어떻게 덩치 큰 자신이 이렇게 작은 문으로 들어갈 수 있단 말인가?! 코끼리 M은 흰토끼 R이 자신과 장난치고 있는 게 분명하다고 생각하고 주변에 더 큰 토끼굴이 없는지 두리번거리며 살펴보았다.

"토끼 선생님, 작은 토끼굴에는 저의 다리 하나도 들어갈 수 없을 것 같은데 어떻게 제 몸 전체가 들어갈 수 있을까요? 자칫 제가 선생님의 집을 완전히 무너뜨릴 수도 있습니다. 혹시 또 다른 더 큰 토끼굴을 숨겨 두고 있는 것 아니시죠?"

그때 위에 앉아 있던 달팽이 S가 코끼리 M을 도와 답을 하기 시작했다.

"하하! 내가 대신 답을 해 주지. 방법은 의외로 간단하다 네. '토끼굴의 문을 연다. 코끼리가 토끼굴에 들어긴다. 토끼 굴의 문을 닫는다'이네."

"달팽이 선생님, 저도 '냉장고에 코끼리를 넣기'에 관한 이야기에 대해 잘 알고 있습니다. 이는 사람들이 이상한 논리를 합리화하기 위해 지어낸 허무한 개그일 뿐인데 현실에서 어떻게 그것이 가능하단 말입니까? 선생님도 이런 황당한 이야기를 믿고 있다는 말씀인가요?"

코끼리 M은 눈이 휘둥그레지면서 달팽이 S에게 물었다. 그토록 믿어 왔던 달팽이 S가 이와 같은 말도 안 되는 이야기를 해법으로 내놓을 줄은 몰랐기 때문이다.

달팽이 S는 코끼리 M이 '냉장고에 코끼리를 넣기'에 대해서 별로 좋지 않은 감정이 있었음을 느낄 수 있었다. 생각해 보니, 코끼리 M은 자신과 관련된 모든 이야기에 대해 별로 좋은 추억이 없었던 것 같았다. 그래서 이렇게 민감하게 반응하고 있고 그가 이러한 이야기들을 이해하는 데 영향을 줬다는 것을 이해할 수 있었다.

"자네, 나의 약점이 농담할 줄 모른다는 것을 잘 알고 있겠지? 용감하게 한번 해보게."

반신반의했지만, 코끼리 M은 달팽이 S에 대한 강한 믿음이 있기에 한번 믿어 보기로 하고 코로 토끼굴의 문을 살짝 열어 보았다. 문이 열렸다. 코끼리 M은 도저히 눈을 뜨고 이런 일을 시도할 자신이 없어 눈을 감고 발을 쭉 들이밀면서 들어가 보았다. 그런데 이게 웬일인가? 토끼굴이 커진 것인지 아니면 자신이 작아진 것인지는 모르지만 눈을 떠 보니 놀랍게도 자신은 이미 토끼굴 안에 들어와 있었다. 흰토끼가 따라서 들어오자 코끼리 M은 믿을 수 없다는 표정을 지으면서 문을 닫았다.

"와! 어떻게 이것이 가능하죠? 아무래도 제가 꿈을 꾸고 있는 것이 확실한 것 같아요. 파커 선생님은 제가 지금 경험하고 있는 특별한 여행이 꿈이라는 것을 확인할 수 있는 방법이 없다고 하셨어요. 그런데 지금 발생한 사건은 제가 꿈을 꾸고 있다는 것을 증명하기에 충분한 증거가 될 수 있을 것 같아요. 꿈이 아니라면, 어떻게 현실에서 이런 일이 발생할 수 있죠? 분명히 저는 꿈을 꾸고 있는 게 확실해요."

이때, 흰토끼 R은 빨간 눈을 깜빡이지도 않고 코끼리 M의 눈을 보면서 말했다.

"그렇다면 자네처럼 덩치가 큰 동물이 사람들 사이를 마음대로 헤집고 다니면서 밤마다 가고 싶은 곳을 마음대로 다닌 것은 현실에서 발생 가능한 일인가?"

흰토끼 R의 날카로운 반문에 코끼리 M은 그만 말문이 막혀 버렸다. 왜냐하면 곰곰이 생각해 보니, 그것도 현실에서는 도저히 불가능하고 오직 꿈에서만 가능한 일들이었기 때문이다.

"리처드가 이야기한 것처럼 어떤 것이 꿈이고 어떤 것이 생시인지 중요하지 않다네. 중요한 것은 자네가 무엇을 '볼 것'인가에 달려 있다네. 보기에는 황당해 보이는 이 해법이, 가장 중요한 문제는 무시한 채 과정에 대한 가이드라인만 제시하는 것을 비웃는 허무한 개그로 들릴 수도 있겠지만, 나는 다르게 생각하네. 마음으로 보면 이 삼단 해법이야말로 세상을 움직이는 '논리'와 '이성'의 힘을 가장 잘 나타낸다네."

"마음으로 봐야 한다는 여우 선생님의 말씀과 파커 선생님으로부터 배운 꿈과 생시의 관계를 벌써 잊어버린 것 같네요. 그렇게 열심히 가르쳐 주셨는데, 두 분 선생님에게 미안한 마음이 듭니다."

"미안해하지 않아도 된다네. 왜냐하면 자네가 원래 갖고 있던 습관이 자신도 모르는 사이에 자네를 그렇게 생각하고 행동하도록 했다네. 습관의 힘은 자네가 생각하는 것보다 훨씬 강하다네."

"감사합니다. 선생님의 말씀이 조금 위로가 되네요. 파커 선생님은 기계와 인간, 그리고 가상과 현실의 관계에 대해 선생님과 함께라면 더 생생하고 입체적으로 경험할 수 있는 기회가 있다고 하셨는데 이번에 제대로 공부하도록 하겠습니다."

과연 어떤 습관이 자신을 그렇게 생각하고 행동하게 했는지 물어보고 싶었지만, 방 안의 특별한 디자인이 눈에 들어오면서 코끼리 M의 주의를 끌었다. 토끼굴 안은 큐브 형태로 되어 있는데 여섯 개의 면은 각각 적색, 황색, 녹색이 두 개씩 교차로 구성되어 있었다. 그리고 서로 다른 색상을 연결하는 그 사이의 간격은 청색으로 연결되어 있었다.

이때, 흰토끼 R은 다시 조끼 주머니에서 회중시계를 꺼내 한 번 보고 말을 했다.

"자! 이제 본격적으로 시작할 시간이 다 된 것 같네. 자네가 지금 궁금해하는 것이 많다는 것을 잘 알지만, 서두를 필요 없다네. 내가 시간을 항상 확인하고 있으니 자네는 나를 믿고 이미 정해진 절차와 프로세스만 잘 따라와 주면 된다네. 당연히 지금부터 궁금한 것에 대해 언제든지 질문도 가능하다네…."

코끼리 M은 흰토끼 R의 말이 끝나기도 전에 기다렸다는 듯이 질문을 하기 시작했다.

"토끼 선생님은 저에게 선생님을 믿고 이미 정해진 절차와 루틴에 따라만 와 달라고 하셨는데, 그렇다면 제가 스스로 자유롭게 선택할 수는 없는 것인가요?"

"참 좋은 질문이네! 자네가 이렇게 좋은 질문을 많이 할수록 나는 자네를 토끼굴의 더 깊은 곳으로 안내할 수 있다네. 자네가 궁금했던 질문들을 자유롭게 해 주기 바라네."

코끼리 M은 흰토끼 R의 칭찬을 받으니 기분이 좋았다. 아무래도 토끼굴을 들어가는 문제에서 본인이 한 실수를 조금은 만회한 것 같았다. 하지만 흰토끼 R의 말에서는 모순이 있는 듯했다. 정해진 절차를 따르라고 하면서 자유롭게 질문도 하라고 하는데, 마치 물과 기름처럼 서로 섞일 수 없어 보이는 둘을 흰토끼 R은 함께 사용하고 있었던 것이다. 궁금한 것을 참지 못하는 코끼리 M은 다시 궁금증을 막 쏟아냈다.

"선생님, 이 방에 우두커니 서 있으니 저는 이상한 나라로 간 앨리스가 된 기분도 있지만, 오히려 파커 선생님과 함께 나눴던 그 영화 〈매트릭스〉 속 한 장면이 떠오릅니다. 방 안의 색상만 다양해졌을 뿐이지, 제가 마치 흰색 옷을 입은 아키텍트 앞에 서 있는 네오 같고 선생님은 그 아키텍트 같다는 생각이 들었습니다. 네오도 선생님을 따라가다 보니 결국 아키텍트를 만났고 선택의 갈림길에 섰지요. 선생님은 저에게 자유롭게 질문하라고 하시지만, 이 토끼굴에서 과연 제가 자유롭게 선택을 할 수 있다는 말씀인가요? 아니면 네오처럼 선택을 하더라도 결국에는 선생님이 이미 정해 준 절차와 시나리오대로 흘러가고 저 자신의 자유의지는 전혀 존재하지 않는 것인가요? 심지어 저의 이 질문까지도 이미 정해진 것은 아닌지 저는 의심할 수밖에 없습니다."

흰토끼 R은 기다렸다는 듯이 코끼리 M의 질문들에 하나하나 답했다.

"달팽이 S를 만나기 전까지 나도 자네처럼 나의 생각과 행동을 이미 정해진 것으로 생각하고 나의 자유의지는 존재하지 않는다고 믿고 있었다네. 자네도 달팽이 S, 여우 F, 호랑이 리처드 파커를 먼저 만나지 않았다면 『이상한 나라의 앨리스』에서처럼 또는 〈매트릭스〉에 나오는 네오처럼 아무리 선택을 해도 그 깊이를 가늠하지 못할 정도로 깊은 토끼굴 안에 갇혀 있다고 생각했을 것이네.

하지만 자네와 나는 이미 '달팽이 S와 그의 친구들'을 알기 때문에 지금 들어와 있는 토끼굴이 자네가 살고 있는 세상의 전부가 아니라는 것을 쉽게 이해할 수 있다네. 중요한 것은, 자네가 이미 달팽이 S의 안내를 받아 '나'로 돌아가기와 여우 F의 마음으로 보기, 그리고 호랑이 T를 통해 행동으로 하나 되기까지 '나'라는 존재를 기반으로 중요한 선택들을 하고 있고 용기 있게 행동하고 있다는 사실이네.

토끼굴이 존재하는 이유는 '나'라는 존재의 의미를 구체화하기 위함이네. 다시 말해 토끼굴이라는 세상의 루틴 속으로 들어가야만 추상적으로 존재하던 '나'라는 존재의 의미는 각각의 입체적인 토끼굴에서 보다 구체적인 의미를 갖게된다네. 구체적인 삶의 목표를 이루거나 실패하면, 나비 B의 안내를 통해 토끼굴에서 언제든지 나올 수 있고, 달팽이 S가 가르친 '나'로 돌아가 다시 마음으로 보고 행동하면 된다네.

예를 들어, 배를 탈 때 노를 저어 빨리 목적지에 도착하도록 하는 역할은 리처드와 내가 책임지고, 어디로 가야 하는지 방향을 보고 그 길에서 벗어나지 않도록 조정하는 키의 역할은 여우 F와 나비 B가 담당한다고 보면 되네. 달팽이 S의 '나'로 돌아가기만 잘한다면, 언제 어디서든지 '나'라는 존재를 잃어버릴 수 없기에 나와 함께 하는 저녁 시간만큼은 아래 세 가지 문제만 해결하면 된다네. 즉 무엇이 자네의 생각과 행동을 결정하고, 자네의 핵심 습관인 루틴은 어떻게 형성되는지, 그리고 지금, 여기에서, 누구를 위하여 현재의 이 순간을 사는지와 관련된 문제 말일세. 어려운 질문에 대답하다 보니 말이 조금 길어졌군. 하하!"

그리고 오른쪽 빨간색 벽면에 있는 스크린 화면에 코끼리 M이 처음 〈덤보〉라는 영화를 보러 가는 과정을 영상으로 보여 주기 시작했다.

"지금 자네는 눈으로 보이는 토끼굴에 자신의 발로 들어오는 과정을 직접 경험했기 때문에 자신이 토끼굴 안에 들어와 있다는 것을 의식하고 있지만, 사실 토끼굴이 없는 곳은 없네. 자네가 살고 있는 일상생활 어디든지 토끼굴은 존재한다네. 예를 들어 이 장면은 자네가 처음으로 수많은 사람 사이를 지나 〈덤보〉라는 영화를 보러 가는 과정이네. 자네 생각에는 이 장면에서 토끼굴은 어디에 숨어 있는 것 같은가?"

그렇다. 어릴 때부터 쇠사슬에서 벗어나려고 죽도로 몸부림쳤지만 피와 상처만 남았던 기억들은, 코끼리 M으로 하여금 자신을 얽매고 있었던 강한 쇠사슬이 얇은 밧줄로 바뀐 것도 모른 채 말뚝에서 벗어날 생각조차 하지 못하게 만들었다. 흰토끼 R의 질문을 받고 마음의 눈으로 보기 시작하니, 자기가 이미 그 '토끼굴' 안에 살고 있었다는 사실을 발견했다.

"제가 어릴 적에 쇠사슬로부터 벗어나려고 했던 수많은 시도가 아픈 상처와 기억들로만 남아 있다 보니 어느 순간부터 저는 얇은 밧줄과 빈약한 말뚝임에도 불구하고 '벗어날 수 없다' 또는 '할 수 없다'라는 생각에 갇혀 버린 것 같습니다. 제가 처음에 눈에 보이는 토끼굴의 크기만 믿고 아무런 시도도 하지 않고 '들어갈 수 없다'라는 판단을 한 것도 바로 이러한 습관과 사고방식의 결과라고 볼 수 있을 것 같아요. 하지만 사람들이 저처럼 큰 덩치를 갖고 있는 동물이 방 안에 있는데도 보이지 않는 것인지 아니면 보고도 아는 척하지 않은 것인지, 그 이유에 대해서는 솔직히 잘 모르겠습니다."

코끼리 M은 항상 아는 것은 안다고 하고 모르는 것은 모른다고 했다. 그것이 진정 아는 것이고 달팽이 S와 그의 친구들이 좋아하는 부분이기도 했다.

"사람들이 자네를 보고도 아는 체하지 않는 이유는 의외로 자네가 '벗어날 수 없다' 또는 '할 수 없다'라는 생각에 갇혀 있었던 이유와 같다네. 사람들도 처음에는 아는 체했는데 문제가 너무 커서 해결도 안 될 뿐만 아니라 논란거리만 되어서 누구도 먼저 이야기하려고 하지 않았기 때문이라네. 말해 봤자 그들이 영화를 보는 것을 방해할 뿐이고, 분위기가 싸해지거나 서로 다투는 일들만 생기니 말하지 않는 것이 더 편하다는 생각이 형성된 것이지."

"선생님 말씀을 들어 보니, 저 사람들과 제가 별반 다를게 없었네요. 저도 그 사람들처럼 갇혀 있었으니 더 잘 이해할 수 있어요. 그렇다면 이러한 생각과 행동은 어떻게 결정되는 것인가요? 저와 그 사람들을 가두는 그 생각이 어떻게 형성되는지 궁금합니다."

"마침 자네에게 설명하려던 참이네."

흰토끼는 드디어 코끼리 M, 아니 모든 사람들의 생각과 행동이 어떻게 결정되는지에 대해 설명하기 시작했다.

"사람들의 생각과 행동은 일반적으로 세 가지 형태의 힘의 영향을 받는다네. 첫 번째 힘은 강압적이라는 특징을 갖고 있지. 어릴 때 자네가 아무리 시도해도 벗어날 수 없었던 쇠사슬처럼 말이야. 자네가 영화관까지 가려면 반드시 지켜야 하는 신호등을 포함한 교통 법규도 마찬가지네."

"그렇군요. 저는 신호등을 지키지 않아 목숨을 잃은 사람들도 많이 보았습니다. 신호등을 포함한 여러 교통 규칙들을 알게 되면서 저는 더 많은 곳을 마음대로 다닐 수 있게 되었습니다."

"두 번째 힘은 바로 자네가 '21세기 서커스단'을 포함한 다양한 지역에서 받은 교육과 훈련을 통해 형성되는 규범의 힘이네. 자네는 서커스단에서 어떻게 행동하고 생각해야 하는지 동료 단원들의 영향을 받으면서 배워 왔다네. 마치 자네가 교통 규칙을 잘 모를 때, 주변 사람들의 생각과 행동의 압력에 따라 생각하고 행동하면서 〈덤보〉라는 영화를 보러 간 것과 비슷하다고 할 수 있지."

코끼리 M은 아직도 처음 〈덤보〉라는 영화를 보던 그날, 길 앞에서 어떻게 해야 할지 몰라 주저하고 있을 때 사람들이 길을 건너는 모습을 보고 따라 했던 기억이 났다.

"사람들이 하는 대로 따라 하니 안전하다는 느낌이 들었어요."

"바로 그것이라네. 모든 사람이 '예'라고 할 때 '아니오'라고 할 수 없고 모든 사람이 '아니오'라고 할 때 '예'라고 하기 어려운 것과 마찬가지라네. 동료 압박을 받아 하는 행위가 자네가 존재하는 정당성을 강화해 주기 때문이지."

"저도 다른 사람들이 저를 미스터리 M이라고 부를 때 '아니오'라고 말하지 못했어요."

"대신 자네는 자신을 매직 M이라고 생각했지. 이것이 바로 세 번째 힘 덕분이라네. 자네가 다른 사람들의 영향을 받지 않고 스스로 맞다고 생각하는 가치관과 믿음 체계에 따라 스스로 '매직 M'이라고 생각하는 것을 말하네. 하지만 자네가 갖고 있는 가치관과 믿음 체계도 결국에는 앞에서 설명했던 두 가지 힘을 포함한 시간과 공간 안에서 형성되네. 자네가 스스로 '매직 M'이라고 선택한 것 같기도 하고, 스스로 선택한 것 같지 않다는 느낌이 들기도 하는 이유라네."

코끼리 M은 자신이 선택했다고 굳게 믿었던 이름 매직 M마저 사실은 이미 자신이 처해 있는 상황에 의해 결정되었다는 말에 기분은 별로 좋지 않았지만 수긍할 수밖에 없었다.

"제가 네오 같다는 기분이 든다는 뜻이 바로 그 부분입니다. 지금 생각해 보니 나의 모든 생각과 행동들은 이미 모두 결정되어 있었네요."

"결정되어 있기도 하고 결정되어 있지 않기도 하지!"

"아! 마치 달팽이 선생님의 자웅동체처럼 말씀입니까? 이렇게 모순되는 이야기가 나올 때마다 저는 선생님께서 가르쳐 준 자웅동체부터 생각이 납니다."

달팽이 S는 코끼리 M이 자신의 자웅동체를 통해 이중성에 대한 이해가 점점 깊어지고 있어 너무 좋았다.

"하하! 바로 그것이네. 입자와 파동의 이중성으로 인해, 여우의 마음으로 보기 전까지는 모든 가능성이 존재하지만 자네가 무언가를 보는 순간 모든 가능성은 확정된 상태로 결정되는 것이라네. 문제는 우리가 살고 있는 눈에 보이는 3차원의 공간에서 사람들은 자신의 위치를 눈으로 확정하는 데 익숙하다 보니, 세 개의 힘으로 구성된 보이지 않는 세계의 맥락 속에서 마음으로 보는 것에 따라 결정되는 부분에 대해서는 소홀히 하는 경우가 많다네."

"와! 토끼 선생님, 이제야 저는 왜 선생님의 토끼굴이 입방체 모양으로 바뀌었는지 조금은 알 수 있을 것 같습니다. 3차원으로 되어 있는 이 둘러쳐 공간에 선생님은 적색, 황색, 녹색과 청색을 사용하여 설계하였는데 지금 말씀하신 세 개의 힘과 관련이 있어 보입니다. 이상한 것은 힘은 세 개인데 색은 네 개로 되어 있다는 부분입니다."

"여우 F의 칭찬이 하나도 아깝지 않다는 것을 나도 이제는 인정할 수밖에 없네. 자네가 이 방 안의 색상에 대해서도 관심을 가졌다는 것이 놀랍네."

"처음 들어오면서부터 네 가지 색상들이 특이하다는 것을 느꼈습니다. 궁금했지만 시간이 부족할까 걱정되어 질문을 하지 못했습니다. 마침 3차원 공간과 세 개의 힘에 대한 선생님의 설명을 들으면서 관련이 있다는 확신이 들어 더 이상 참지 못했습니다."

"궁금한 것이 있으면 참지 않아도 된다고 했잖은가?! 하지만 자네 질문의 타이밍이 참 좋았네. 자네도 알다시피, 빛의 삼원색은 빨간색(Red), 초록색(Green)과 파란색(Blue)으로 구성되어 있다네. 빨간색과 초록색을 합치면 노란색

(Yellow)이 되는데 이 세 가지 색을 자네가 이 토끼굴 외에서도 어디서 본 기억이 없는가?"

코끼리 M은 어디서 많이 보았던 것 같은데 갑자기 물어보니 잘 생각이 나지 않았다.

"앞에서 세 가지 힘을 설명할 때도 잠깐 언급했다네…."

흰토끼 R의 힌트를 듣자, 코끼리 M은 생각이 났다.

"신호등이 갖고 있는 세 가지 색상과 일치하네요. 그 많은 곳을 찾아다닐 때 매일 저녁 보았던 신호등을 제가 생각하지 못하다니…."

"이것이 바로 습관의 힘이라네. 자네가 처음 신호등의 규칙을 잘 모를 때는 특별히 의식하지만 일단 너무 익숙해져서 습관이 되어 버리면, 생각하지 않고도 자연스럽게 지킬 수 있기 때문이라네. 자네가 신호등을 지키면서 길을 건너는 습관이 바로 세 가지 색상의 신호를 지키면서 형성되었듯이 자네의 습관도 세 가지 힘의 영향을 받아 형성된다네."

"지금 생각해 보니 선생님의 말씀이 맞는 것 같습니다. 제가 신호등을 읽는 방법을 안 순간부터 저는 사람들의 세상에 더 잘 적응할 수 있게 되었고 사람들이 할 수 있는 모든 일들을 따라 할 수 있었습니다."

"자네가 사람들이 살고 있는 토끼굴에 들어갔다는 의미

라네. 세 가지 힘을 설명함에 있어 신호등의 세 가지 색상만큼 더 좋은 예를 난 본 적이 없다네. 빨간색은 반드시 따라야 한다는 강압적인 힘, 초록색은 자신의 가치관과 믿음 체계에 따라 모방하는 힘이고, 노란색은 이 두 가지 힘이 합쳐져 형성된 문화, 전통 및 규범의 힘을 나타낸다네."

"이렇게 세 가지 색과 세 가지 힘, 그리고 3차원 공간이 대응되는 모습을 보니 놀라워서 소름이 돋습니다. 제가 세 가지 색상으로 되어 있는 입방체 모양의 토끼굴 안에 있듯이 저는 보이지 않는 이 세 가지 힘으로 구성된 또 하나의 토끼굴 안에 있었네요."

코끼리 M은 자신이 흰토끼 R의 안내를 받으면서 더 깊은 토끼굴로 계속 들어가는 것 같았다. 토끼굴의 끝은 과연 어디인가? 과연 토끼굴에서 벗어날 방법은 없단 말인가? 일련의 질문들이 또 나타나기 시작했다.

"토끼 선생님, 다시 〈매트릭스〉의 네오로 돌아간 기분입니다. 그렇다면 끝도 없이 깊은 토끼굴에서 벗어날 방법은 없단 말인가요?"

"그 방법에 대해서는 애벌레 C에서 파랑 나비로 변신한 나비 B가 안내해 줄 것이라네."

"그렇다면 세 가지 색으로 되어 있는 여섯 개 면을 연결하고 있는 파란색으로 되어 있는 선들이 토끼굴의 출구를 안내해 줄 나비 B 선생님을 말하는 것인가요?"

"자네 말이 맞네. 파랑 나비 B를 만나게 되면, 토끼굴을 벗어나는 방법과 지속 가능한 성장을 할 수 있는 황금 나선의 길로 안내해 줄 것이라네. 그런 의미에서 자네가 오전에 만났던 여우 F의 마음으로 보기는 봄 같은 초록색의 힘이고, 오후에 만났던 호랑이 T의 행동으로 하나 되기는 여름 같은 빨간색의 힘이며, 저녁에 만나고 있는 나의 루틴으로 들어가기는 가을 같은 노란색의 힘을, 그리고 나비 B의 전환하며 성장하기는 겨울 같은 파란색의 힘을 나타낸다고 볼 수 있네. 신기하지 않은가?!"

"정말 신기합니다! 이보다 더 신기할 수가 없습니다. 어떻게 이 모든 것이 하나로 연결이 가능한가요?"

"앞서 달팽이 S가 '나'와 우주 만물이 하나라고 했는데, 지금까지 이야기한 것은 극히 작은 일부분에 지나지 않네. 나비 B가 자네에게 소개할 황금 나선으로 연결된 패턴과 법칙은 모든 영역에서 발견할 수 있다는 것을 알게 될 것이네. 나와 함께하는 시간에는 세 가지 힘이 자네와 같은 개인의 습관뿐만 아니라, 조직의 프로세스, 나아가 사회의 제도를 형성하여 우리가 비슷하게 생각하고 비슷하게 행동하도록 조직 구조와 제도적 틀을 구성한다는 것을 알면 된다네."

"선생님의 말씀이 맞네요. 왜 모든 서커스단의 구조와 공연 프로세스가 비슷한지 이해가 갑니다. 사회의 제도까지 영향을 준다고 하니, 제가 경험했던 특별한 시험이 기억납니다. 저는 왜 그렇게 이상한 시험에 참가해야 하는지 몰랐는데 결국에는 저희들이 비슷하게 생각하고 비슷하게 행동하게 하기 위한 교육의 일부분이었네요."

"어떤 시험 말인가?"

"공정한 시험을 위해 저와 원숭이, 펭귄, 개, 물고기 등을 한자리에 모아 놓고 '나무 기어오르기' 시험을 보게 한 것입니다. 저희들은 모두 다른 능력을 갖고 있는데 나무를 누가 먼저 기어오르는가로 평가하는 바람에 원숭이가 1등을 했습니다. 무거운 물건 들기 시험을 보았으면 제가 1등을 했을 텐데요… 히히! 하지만 저는 그런 1등을 별로 좋아하지 않습니다. 우리 각자는 자신의 능력에 따라 시험을 보는 것이 맞다고 생각합니다."

"하하! 나도 자네의 말에 동의하지만 그 부분은 달팽이 S나 여우 F, 그리고 나비 B가 책임지는 영역이라네. 리처드 파커로부터 배웠겠지만, 이 시험에 대해서도 무조건 좋다 나쁘다는 판단을 해서는 안 된다네. 이와 같은 시험 제도 또한 한 시대의 수요를 만족시키기 위해서 나타난 현상이기 때문이야. 그러니 너무 쉽게 판단하는 것은 지양하고, 토끼굴이라는 시공간과 맥락에서 이해하려는 노력이 필요하지. 무엇보다 중요한 것은 토끼굴에 들어갈 수도 있고 나올 수도 있는 능력을 갖추는 것이라네."

코끼리 M은 흰토끼 R이 자신에게 '루틴으로 들어가기'를 가르치기 위해 얼마나 세심하게 준비했는지 느낄 수 있었다. 자신이 어릴 때 형성했던 관계와 모든 일들에 대한 가치 판단을 보류하라는 말은 호랑이 T로부터도 가르침을 받았지만 흰토끼 R의 토끼굴에서 더 입체적으로 경험할 것이라는 이야기가 바로 이런 의미라는 것을 깨닫게 되었다.

"세 가지 힘을 이해했다면, 세 가지 힘이 형성하는 루틴에 대해서는 훨씬 이해하기 쉽다네. 자네 혹시 찰스 두히그의 『습관의 힘』이라는 책을 읽은 적이 있는가?"

"네. 저 습관에 관련된 다양한 책들을 많이 읽었습니다. 가장 즐겨 읽은 책으로 『습관의 힘』, 『아토믹 해빗』, 『성공하는 사람들의 7가지 습관』 등이 있습니다."

"자네가 습관에 관한 좋은 책들을 많이 읽어서 기쁘네. 루틴을 습관이라고도 볼 수 있는데 『습관의 힘』에서 찰스는 루틴을 개인적 수준에서의 습관, 조직적 수준에서의 프로세스,

사회적 수준에서의 제도라는 세 가지 이름으로 설명했네. 이는 앞서 설명했던 세로 방향으로 힘을 주는 세 개의 규칙과 압력들이 개인과 조직, 그리고 사회적 수준에서 물질 형태의 습관과 프로세스, 그리고 제도를 찍어내는 것과 비슷하다네.

"저도 누히그 선생님의 『습관의 힘』에서 습관을 조직과 사회 수준에서 프로세스와 제도로 표현한 것에 대해 보았는데 잘 이해가 가지 않았습니다. 이 세 가지는 어떤 공통점이 있나요?"

"한마디로 이야기하면, '규칙적으로 발생하는 행동들의 순서'라는 측면에서 공통점이 있는데 루틴의 정의이기도 하네. 생물학적 DNA의 염기 서열처럼 루틴을 사회학적 DNA의 행동 서열이라고 보면 된다네. 똑같은 루틴이지만, 사회 수준에서의 제도는 상대적으로 변화하기 어렵다는 측면에서 물질의 고체 상태와 비슷하고 개인 수준에서의 습관은 상대적으로 변화하기 쉽다는 측면에서 기체 상태와 비슷하며 조직 수준에서의 프로세스 혁신은 중간 수준이라고 생각하여 액체 상태와 비슷하다고 생각하면 이해하기 쉽다네."

"와! 오늘 제가 몇 번이나 감탄하는지 모르겠습니다. 선생님이 이렇게 설명하니 이해하기가 참 쉬운 것 같습니다."

달팽이 S는 흰토끼 R이 자기를 만날 때보다 토끼굴에 대한 이해가 더 깊어졌고 이를 설명하는 것도 훨씬 쉬워졌다는 것을 발견했다. 대화의 흐름을 깨지 않기 위해 달팽이 S는 계속 조용히 지켜보면서 어떤 부분을 자신의 책에 포함할지에 대해서 생각했다.

"상대적이라고 이야기한 것은, 사실 모든 루틴은 쉽게 변화하지 않는다는 것을 명심하라는 뜻이네. 왜냐하면 루틴의 가장 큰 특성이 원래의 상태를 유지하려는 놀라운 관성과 타성에 있기 때문이지. 루틴이 일단 형성되면 많은 일을 자동으로 완성하게 되는데 이는 마치 컴퓨터 프로그램에서 나오는 알고리즘과 같다고 보면 된다네. 이와 같은 좋은 점이 있는 반면에, 루틴이라는 토끼굴에 갇혀서 기존의 생각과 고정관념에 갇혀 있을 위험도 함께 존재한다네. 이 때문에 자네도 그동안 얇은 밧줄과 빈약한 말뚝에 묶여 벗어날 수 있다는 생각조차 하지 못하게 되었던 게지."

"선생님의 가르침 꼭 명심하겠습니다. 앞으로 제 편견이나 고정 관념에 대해 다시 한번 생각해 보는 계기로 삼겠습니다."

"너무 걱정하지 말게나. 자네는 이미 작은 토끼굴을 한번 벗어난 경험이 있는 데다가 우리들의 친구 나비 B가 자네를 잘 안내할 테니 기대해도 좋네. 그렇지 달팽이 S?!"

달팽이 S는 역시 흰토끼 R의 토끼굴은 한 치의 어긋남도 없다고 생각했다. 4년 전에 익히 경험했었기에, 토끼굴은 바로 이런 곳이라는 것을 누구보다 잘 알고 있었다.

"당연하지. 난 자네 말이 틀린 적이 한 번도 없다고 생각하는 사람이네. 일종의 약속과 계약처럼 우리가 하는 일들이 더 효율적으로 진행하도록 하지. 하하!"

그렇다. 토끼굴에서는 모든 것이 명확하고 논리적이며 이성적이다. 일단 루틴으로 들어가면 모든 것이 정해진 대로 흘러간다. 그래서 코끼리 M이 처음 느꼈던 것처럼 자신도 이 거대한 토끼굴이라는 기계의 한 부품에 지나지 않고 스스로 선택할 수 있는 것은 하나도 없다는 생각을 하게 되었던 것이다.

"토끼굴은 일반적으로 공간, 물질, 시간으로 구성되어 있다네. 당연히 자네는 이제 마음으로 볼 수 있으니, 눈에 보이지 않는 맥락, 습관과 현재도 볼 수 있을 것이네. 마지막 주제인 시간을 이해하게 되면 자네는 파랑 나비 B를 만날 준비가 다 된 것이나 다름없지. 시간은 여우 F가 이미 안내했던 주제이기에 바로 이해할 수 있을 것으로 생각하네."

"감사합니다. 토끼 선생님! 지금까지 가르침으로도 저는 이미 완전히 압도당했습니다. 여우 선생님이 가르쳐 준 보이는 시간과 보이지 않는 시간이라는 시간의 주기 속에서 황금 나침판을 통해 때에 따라 해야 할 일들을 적재적소에 배치하는 새로운 시간 관리 방법을 오전에 이미 배운 바 있습니다."

"시간을 보이는 시간과 보이지 않는 시간으로 나누기도 하지만, 자네도 알다시피 우리는 시간을 과거, 현재, 미래라는 세 개의 시제로 이해하는 경우도 있다네."

"또 숫자 3이네요. 오늘 선생님이 가르쳐 준 3차원 공간과 세 개의 힘, 세 개의 물질 상태와 세 개 수준에서의 루틴, 그리고 세 개의 시제를 갖고 있는 시간까지 모두 숫자 3과 관련이 있네요."

"하하! 자네가 나 대신 정리해 줘서 고맙네. 그런데 시간이 갖고 있는 과거, 현재, 미래라는 세 가지 시제에 대응되는 세 가지 그 무엇을 찾기 꽤 어려웠다네. 마침 자네도 필시 읽었으리라고 생각되는 작은 책 하나를 추천하고 싶네. 대문호인 레프 톨스토이의 단편 소설 「세 가지 질문」인데 이 세 가지 질문으로 지금까지 자네가 공부한 것을 정리하면서 시간 중에서도 지금, 여기라는 현재를 설명하는 것이 좋을 것 같네."

"저는 존 무스라는 작가가 톨스토이 할아버지의 원작을 기반으로 쓴 그림책 『세 가지 질문』을 읽었습니다. 그림이 있는 책이 이해하기 쉬워 게으름을 좀 피웠습니다. 히히!"

코끼리 M은 그의 필살기인 애교 섞인 웃음을 끝까지 잃지 않았다.

"그림책도 충분하다네. 원래 진리는 모두 간단하다네. 니콜라이라는 소년이 했던 세 가지 질문에 대해 자네가 말해 줄 수 있겠나?"

코끼리 M은 흰토끼 R이 드디어 자신에게 기회를 주자 너무 신났다.

"네, 선생님. 니콜라이가 레오 할아버지에게 했던 세 가지 질문은 아래와 같습니다. '가장 중요한 때는 언제일까? 가장 중요한 사람은 누구일까? 가장 중요한 일은 무엇일까?'입니다."

코끼리 M은 목청껏 이 세 질문을 소리 내서 말했다.

"자네, 참 씩씩하군! 레오 할아버지의 대답은 무엇인지 기억나는가?"

칭찬을 받으면 코끼리 M은 항상 기분이 좋았다. 그래서 코끼리 M은 레오 할아버지의 목소리를 흉내 내면서 감정을 담아서 더 자신감 있게 대답했다.

"기억하렴. 가장 중요한 때란 바로 지금, 이 순간이란다. 가장 중요한 사람은 지금 너와 함께 있는 사람이고, 가장 중요한 일은 지금 네 곁에 있는 사람을 위해 좋은 일을 하는 거야. 니콜라이야, 바로 이 세 가지가 세상에서 가장 중요한 것들이란다."

"레오 할아버지의 대답이자, 내가 마지막으로 자네에게 해 줄 수 있는 말이라네. 과거와 미래는 지금, 여기라는 현재로 하나가 되어 삶의 선물로 다가오기에, 지금 이 순간을 사는 것이 삶의 진정한 지혜라네. 그리고 지금, 여기에서 여우 F가 가르친 마음으로 보기로 자네와 함께 있는 가장 중요한 사람의 필요를 발견하고, 리처드가 가르친 행동으로 하나 되기로 옆에 있는 중요한 사람을 위해 좋은 일을 하는 것을 통해 자신이 아는 것과 하나 되는 것이라네."

코끼리 M은 흰토끼 R의 마지막 권면의 말을 듣고는 더 이상 무엇이라고 말을 할 수 없었다. 인생에서 가장 중요한 세 가지 질문을 통해 지금까지 만났던 여우 F와 호랑이 T의 가르침까지 함께 정리해 준 것이다. '지금, 여기에서 옆에 있는 누구를 위하여 중요한 일을 해야 한다'는 말을 들으며, 오늘 하루 동안 만났던 달팽이 S의 친구들이 지금 이 순간에도 함께하고 있음을 느꼈다.

흰토끼 R은 물리적 공간과 사회적 맥락, 물질의 존재 상태와 세 개 수준에서의 습관, 시간의 의미와 지금 여기에서 우리가 해야만 하는 일을 코끼리 M이 깨달은 것을 확인하고 토끼굴 밖으로 안내하기 시작했다.

"이제 나비 B를 만날 차례가 되었군. 나비 B는 자네에게 진정으로 토끼굴에서 벗어날 수 있는 방법을 안내할 것이네. 여기 삶은 달걀과 밀덜걀 히니는 나비 R의 부탁을 받고 전달하는 것이니, 배고프다고 드시지 마시고 꼭 소중히 간직하길 바라네."

"네, 토끼 선생님! 꼭 소중히 간직하겠습니다."

"여우 F가 자네에게 시 한 편을 선물했다고 하는데 나도 질 수 없지. 하하! 나에게도 좋아하는 명언 하나가 있는데 자네와 달팽이 S에게 선물하도록 하지. 자네는 이 명언에서 지금까지 배웠던 내용에 대해 돌이켜 볼 기회를 갖게 될 것이네. 달팽이 S에게 선물하는 이유는 황금 나침판을 나타낼 수 있는 명언을 만들어 주길 바라는 마음에서라네. 오늘 저녁 내가 해야 할 역할은 여기까지이니, 우리도 이제는 황금 나침판에서 다시 만나는 것으로 약속하지!"

생각과 아이디어,
지금 내가 흥미 있어 하는 것들이다.
생각을 조심하라, 말이 된다.

말을 경계하라, 행동이 된다.

행동을 조심해라, 습관이 된다.

습관을 경계하라, 너의 성격이 된다.

너의 성격을 조심하라, 너의 운명이 될 것이다.

우리는 생각하는 대로 된다.

―영화 <철의 여인> 속 마거릿 대처의 대사 중에서

"'생각하는 대로 된다'라는 말이 흥미롭습니다. 그럼 앞으로 황금 나침판에서 루틴으로 들어가기를 통해 선생님을 만나도록 하겠습니다. 안녕히 계세요!"

"자네, 정말 수고 많았네. 덕분에 우리가 함께 꿈꾸던 일에도 한 발자국 더 가까워졌다네. 자네의 부탁은 잊지 않겠네. 조만간 좋은 소식 전할 테니 우리 다 함께 만나 파티를 하면서 못다 한 이야기를 하도록 하지!"

"물론이네. 좋은 소식 기다리고 있겠네!"

코끼리 M, 그리고 달팽이 S와 이별하기 아쉬운 흰토끼 R은 멀리까지 둘을 바래다주었다.

∞ 나비처럼 전환하며 성장하기

만남이 없으면 이별이 없고 이별이 없으면 새로운 만남이 없다. 흰토끼 R과 이별을 한 코끼리 M은 달팽이 S와 함께 파랑 나비 B가 살고 있는 바닷가를 향해 달려갔다. 밤이 깊어지자, 숨어 있던 폴라리스가 어느새 나타나서 코끼리 M이 달리는 밤길을 밝게 비춰 주고 있었다. 이제 피곤할 만도 한데 코끼리 M에게는 전혀 피곤한 기색이 보이지 않았다. 코끼리 M은 흰토끼 R이 마지막에 했던 인생에서 가장 중요한 세 가지 질문의 의미를 생각하느라 정신이 없었다.

코끼리 M은 일단 세 가지 질문을 자신에게 해 보기로 했다. 가장 중요한 시간은 '지금, 여기'이고, 가장 중요한 사람은 특별한 하루 여정을 제안하고 항상 함께하고 있는 '달팽이 S와 그의 친구들'이었다. 가장 중요한 일은 옆에 있는 '달팽이 S와 그의 친구들에게 좋은 일을 하는 것'인데, 지금은 오히려 도움을 받고만 있는 입장이었다.

'선생님들을 위해 내가 할 수 있는 좋은 일이 무엇이지?'

아무리 속으로 생각해 보아도, 자신이 할 수 있는 일은 아무것도 없고 지금은 선생님들의 가르침을 받아 자신의 인생 문제들을 해결하는 일밖에 없었다. 코끼리 M은 일단 자신의 문제들을 모두 해결한 뒤 본인이 할 수 있는 좋은 일을 찾아보기로 다짐했다. 코끼리 M은 자신의 길을 하늘에서 밝게 비춰 주고 있는 폴라리스와 자신의 머리 위에 앉아 있는 달팽이 S를 번갈아 바라보며 인생의 폴라리스가 되어 준 달팽이 S와 그의 친구들에게 꼭 필요한 것은 무엇일까라는 생각을 계속하면서 앞에 있는 길을 열심히 달렸다.

달팽이 S도 처음에는 자신의 생명의 은인인 코끼리 M을 돕고 싶어 제안한 특별한 하루의 여정이었다. 하지만 코끼리 M과 함께 옛 친구들을 만나면서 어느 순간부터는 코끼리 M이 오히려 자신을 돕고 있다는 생각을 하게 되었다. 우주 만물이 존재하는 패턴과 성장 법칙을 코끼리 M과 같은 젊은 친구들도 쉽게 이해할 수 있는 책을 쓰려고 했는데 달팽이 S의 머리에는 온통 추상적인 숫자, 개념, 이론과 모형들만 있었다. 리처드 파커로부터 영감과 돌파구를 찾은 달팽이 S는 여우 F, 호랑이 T와 흰토끼 R의 안내를 받고 있는 코끼리 M을 보면서 새로운 아이디어가 떠오르기 시작했다. 하지만 달팽이 S는 이미 구상해 놓은 잭의 구조가 너무 마음에 들어 쉽게 포기하지 못하고 있었다. 마침 '전환하며 성장하기'가 필요한 시점에 나비 B를 만나게 되면 코끼리 M에게나 자신에게 있어 모두 마지막 퍼즐이 완성될 것 같은 좋은 예감이 들어 기분이 좋았다.

어느새 바닷가에 도착한 코끼리 M과 달팽이 S는 멀리서 움직이는 반짝이는 별들을 보게 되었다. 좀 더 가까이 가보니 파랑 나비 B가 초롱불 대신 반딧불 친구들과 함께 기다리고 있었다. 반딧불 친구들이 밝게 불을 비춰 준 덕분에 파랑 나비 B의 모습은 더욱 빛나고 아름다워 보였다.

"안녕! 달팽이 S. 얼마나 나를 보고 싶었으면 이렇게 빨리 돌아왔지?! 하하!"

"나비 B, 그동안 잘 지냈는가? 자네의 넉살은 아직도 여전하군. 하하! 자네는 어떻게 알고 흰토끼 R처럼 미리 마중 나왔지?"

"오늘 저녁에 리처드가 다녀갔다네. 오후에 자네와 코끼리 M을 만난 리처드가 파이와 너무 닮은 코끼리 M에 대해 나에게 이야기하러 온 것도 있지만, 더 중요한 것은 내가 자리를 비울까 봐 걱정해서 왔다네!"

"내 기억 좀 보게. 자네와 밤에 약속하여 만나려면 미리 예약을 해야 한다는 것을 그만 잊고 말았네. 리처드에게 부탁한다는 것을 깜빡했는데, 알아서 자네에게 알려 줘 정말 다행이네."

여우 F는 흰토끼 R을 찾아갔고, 호랑이 T는 나비 B를 찾아오듯이 이들은 이렇게 한마음 한뜻으로 유기적으로 서로 연결되어 있었다.

"하나가 된 우리 다섯의 팀워크는 점점 완벽에 가까워지고 있네! 그럼 리처드에게 영혼의 단짝 파이를 생각나게 한 코끼리 M을 정식 소개하도록 하지. 어제저녁 생쥐로부터 나의 목숨을 구해 주었고 덕분에 두 번째 인생을 살 기회를 준 내 생명의 은인 코끼리 M이라네."

코끼리 M은 달팽이 S가 끝까지 자신을 생명의 은인으로 소개하는 모습을 보면서 달팽이 S의 겸손도 꼭 닮고 싶었다. 이것이 모방의 힘이라고 했던가?! 코끼리 M은 자기도 모르게 흰토끼 R로부터 배운 것을 적용하는 자신의 모습을 보면서 흰토끼 선생님을 황금 나침판에서 만나면 자랑하고 싶었다.

"나비 선생님, 안녕하세요. 방금 소개받은 코끼리 M입니다. 나비 선생님은 주로 낮에 활동하는 것으로 알고 있는데 밤에 수부시는 시긴을 빼앗게 되어 미안합니다, 달팽이 선생님이 저를 생명의 은인이라고 소개하셨지만, 사실 달팽이 선생님과 여러 선생님들이야말로 저의 진정한 생명의 은인들입니다."

"'생명의 은인'들과 만나게 되어 영광이네! 요즘 트렌드가 투잡이어서 밤에도 반딧불들의 도움을 받으면서 이렇게 활동하지 않으면 생계를 유지할 수 없다네. 하하!"

"나비 B는 영혼이 자유로워 농담을 잘한다네. 만약 나비 B의 이런 엉뚱함과 상상력이 없었으면 우리는 흰토끼 선생님이 안내해 줬던 토끼굴 안에 영원히 갇혀서 살 수밖에 없었을 것이네. 사실 나비 B야말로 우리들의 몸과 마음, 그리고 영혼의 생명이 끊임없이 전환하며 성장하도록 안내하는 진정한 생명의 은인이라네!"

달팽이 S는 나비 B의 이러한 넉살과 농담, 그리고 엉뚱함 등에 대해 코끼리 M이 잘 적응하지 못할까 봐 걱정되어 노파심에 살짝 귀띔을 해 주었다. 이를 알아차린 나비 B는 달팽이 S에게 농담을 이어 갔다.

"달팽이 S, 아무리 자신의 생명의 은인이라 해도 너무 티 나게 돕지는 말게. 하하! 자네는 걱정 말고 조용히 지켜보면 서 우리가 함께 쓰기로 했던 책 생각만 하게."

"하하! 너무 티가 났는가?! 알았네. '나는 내 일을 하고 당 신은 당신 일을 하라'는 뜻이군!"

"빙고! 이것이 리처드가 코끼리 M에게 꼭 전해 달라고 한 중요한 메시지라네. 오후에 만날 때 선과 악의 죽음의 계곡 을 넘는 하나의 중요한 팁인데 빠뜨렸다고 하면서 아쉬워하 더군."

"리처드의 이처럼 적극적인 모습은 처음 보네. 지금 이 상황에 딱 맞는 중요한 메시지네. 리처드의 말대로 우리 각 자 자신이 해야 할 일들을 시작하도록 하지!"

나비 B와 달팽이 S는 서로 고개를 끄덕이면서 마치 마지 막 전투를 앞둔 용사들처럼 각자의 위치에서 최선을 다하자 고 다짐하는 것 같았다.

"저도 끼워 주세요. 저도 제가 해야 할 일이 남아 있습니 다. 특별한 하루의 마지막 수업을 잘 통과하여 남아 있는 인 생의 문제들도 모두 해결하고 싶습니다. 그리고 오늘 선생님 들에게 저도 좋은 일 하나 해 드리고 싶습니다."

나비 B는 코끼리 M이 리처드가 전해 온 메시지를 이렇게 짧은 시간에 의미를 이해하고 행동으로 옮기는 순발력을 보고 리처드가 왜 코끼리 M에 대해 큰 애착을 갖고 도우려고 하는지 이해가 갔다. 단순히 파이가 생각나서라기보다 더 큰 이유가 있어 보였나.

"좋네. 자네 혹시 내가 흰토끼 R에게 부탁한 삶은 달걀과 날달걀을 가져왔는가?"

"네. 여기 있습니다."

"좋네. 그럼 두 달걀 중 하나를 선택하여 자네가 한번 세워 보도록 하지."

"어떤 방법을 사용해도 괜찮은가요?"

"물론이네."

코끼리 M은 나비 B가 낸 미션이 그렇게 어렵지 않다고 생각했다. 그는 유명한 '콜럼버스의 달걀'에 대해 이미 잘 알고 있었다. 그는 삶은 달걀을 선택하여 바로 달걀의 한 쪽 끝을 조금 깨뜨려서 세워 나비 B에게 보여 줬다.

"나비 선생님, 유명한 '콜럼버스의 달걀'에 대해 알고 있습니다. 심지어 그 의미도 잘 알고 있다 보니 바로 이렇게 쉽게 완성할 수 있었습니다."

나비 B는 좀 전과는 달리 진지한 표정을 지으면서 계속

물었다.

"자네, 그 의미를 설명해 볼 수 있겠는가?"

"네, 선생님. 콜럼버스의 달걀은 '기존의 닫힌 사고를 뛰어넘어 생각의 전환과 혁신적 발상을 하는 것의 중요성'을 의미한다고 생각합니다."

"콜럼버스의 달걀 외에 또 다른 방법은 없는가?"

"이 외에도 사람들은 혁신적인 발상으로 다양한 방법들을 사용하여 달걀을 세우려고 노력한 것으로 알고 있습니다. 예를 들어, 어떤 사람은 원심력이 지면과 수직인 적도에서 또는 낮과 밤의 길이가 같은 춘분에 달걀을 세우기도 하고, 물리학자 테슬라는 동으로 된 달걀을 전자기장으로 세우는가 하면, 한 연구기관에서는 초전도 기술을 활용하여 달걀 세우기를 넘어 공중 부양까지 성공했다는 소식도 들었습니다."

"자네가 이야기한 방법들은 모두 달걀을 세우는 혁신적인 방법들이 맞네. 하지만 자네는 아직도 토끼굴 안에서 벗어나지 못했다고 생각하네. 다만 한 토끼굴에서 또 하나의 다른 토끼굴로 이동할 뿐, 근본적으로 아직도 그 토끼굴 안에서 달걀을 세우고 있다는 말일세."

코끼리 M은 자신이 제시한 그 많은 방법 중에는, 적어도 하나의 정답이 있을 것으로 생각했는데 자신이 아직도 토끼굴 안에 있다는 이야기를 듣고 많이 당황했다. 코끼리 M은 자신이 당연하다고 생각하는 하나의 토끼굴에서 또 하나의 당연하다고 생각하는 토끼굴로 이동하는 모습이 눈에 보였다. 아무리 이동해도 토끼굴의 깊이는 끝이 보이지 않았다. 자신이 그 많은 인생 문제들을 해결하기 위해서 하나의 틀에서 또 하나의 틀로 이동해 왔을 뿐 근본적으로 토끼굴에 벗어나지 못했다는 것을 발견하게 되었다.

"나비 선생님, 제가 토끼 선생님을 만났을 때도 아무리 노력해도 토끼굴을 벗어날 수 없다는 느낌이 들었습니다. 토끼굴을 벗어나는 방법에 대한 문제는 나비 선생님이 잘 안내해 주실 것이라고 하셨는데 잘 부탁드리겠습니다."

"자네는 지금 잘 따라와 주고 있으니 너무 걱정 말게. 지금까지 자네가 생각해 낸 방법들이 틀렸다는 이야기가 아니라네. 단지, 토끼굴 안에서의 혁신과 성장으로는 한계가 있고 이제 근본적인 전환, 즉 패러다임을 시프트하는 성장이 필요한 시점이라는 뜻이라네. 자네, 다시 한번 생각해 보게. 왜 콜럼버스가 달걀을 세우는 데 성공했는지? '무엇' 또는 '어떻게'라는 질문보다 '왜'라는 질문을 먼저 해 보기 바라네."

"달걀을 깼기 때문에… 세우기에 성공했다고 생각합니다."

코끼리 M은 기어들어 가는 듯한 목소리로 조심스럽게 대답했다.

"그렇다면 달걀을 깼다는 것은 과연 무엇을 의미하는가?"

"달걀을 깼다는 것은 기존 생각의 틀을 깨면서 생각의 전환과 혁신적 발상을 이뤄냈다는 것으로 이어지는 것 같습니다. 어떤 측면에서는 나 자신을 깼다는 것으로도 이해할 수 있습니다."

"이제야 자네가 본래의 모습을 보여 주기 시작하는군. 하하!"

"토끼굴에서 열심히 빠져나오려고 노력 중입니다. 히히!"

코끼리 M은 긴장을 풀기 위해 나비 B에게도 살인미소를 날려 보았다. 하지만 긴장은 좀처럼 잘 풀리지 않았다. 왜냐히면 달쌩이 S의 말처럼, 나비 B의 질문은 언제 어디로 어떻게 튈지 몰라 항상 바짝 긴장하지 않으면 안 되기 때문이다.

"그런데 달걀을 깬 것이 '나 자신을 깼다는 것'을 의미한다고 했는데 정말 자신을 깬 것이 맞는가?"

"달걀 껍데기만 살짝 깨뜨렸지, 달걀 자체를 깼다고 보기에는 어려운 것 같습니다."

"그렇다네. 우리가 그동안 자신의 뼈를 깎는 고통을 이겨내면서 이뤄낸 성과들을 '고통이 없으면 얻는 것도 없다'라는 속담으로 표현해 왔네. 무엇을 얻기 위해서는 희생을 치러야 한다는 의미로 아주 좋은 교훈이라네. 하지만 이는 나라는 존재 상태의 일부분만 깨뜨린 것이지 나의 존재 상태 전체를 깬 것은 아니라네. 즉, 나라는 존재 상태에 대한 인식을 근본적으로 바꾸는 것이 아니라는 이야기네."

나라는 존재 상태에 내린 인식이 근본적인 전환을 듣다 보니 코끼리 M은 이제야 『이상한 나라의 앨리스』에서 나오던 애벌레 C가 어떻게 전환하여 파랑 나비 B가 되었는지가 기억이 났다. 나비 B가 이야기하는 몸과 마음, 그리고 영혼이라는 생명의 '전환하며 성장하기'란 단순한 생각의 전환이나 혁신적 발상이 아니라는 것이 확실해졌다.

"나비 선생님, 이제야 선생님이 지적하신 문제점들에 대해 조금은 이해할 것 같습니다. 지금까지는 달걀 끝을 살짝 깨뜨리거나 자석을 붙이거나 아니면 적절한 시간과 공간을 찾는 등 상황과 조건을 바꿔서 달걀을 세우려 했습니다. 이는 기존의 '달걀'이라는 토끼굴 안에서의 혁신과 성장이지 '달걀'이라는 토끼굴에서 벗어나 새로운 생명이 탄생하는 근본적이면서도 전환적인 성장은 아니라는 뜻이군요. 테슬라가 동으로 만든 달걀은 존재 상태를 바꾼 것이 아니라 존재 자체를 바꾼 방법이기에 문제의 요구에 부합되지 않구요."

"역시 코끼리 M은 코끼리 M이군! 그렇게 과묵했던 리처드가 자네에 대해 그토록 침이 마르도록 칭찬하고 돌아간 사실을 보면 알 수 있다네."

나비 B는 코끼리 M이 처음에 조금 당황해하고 자신감이 없는 모습을 보였기에 크게 칭찬한 후, 머리 위에 앉아 조용히 지켜보고 있는 달팽이 S와 눈빛을 교환한 후 코끼리 M에게 계속 말했다.

"누구든지 나를 만나면 두려워하거나 자신감이 부족한 모습을 보인다네. 왜냐하면 자신의 존재 상태를 부정해야 하거나 죽음이나 이별 같은 이야기 자체를 두려워하고 피하기 때문이라네. 전환하며 성장하기를 하기 위해서는, 달팽이 S가 가르쳐 준 '나'라는 존재로 돌아가기를 하기 바라네. '코끼리 M은 코끼리 M이다'라는 존재에 대한 확신과 믿음이 없다면 절대 죽음과 이별의 강을 넘을 수 없다네."

코끼리 M은 달팽이 S가 항상 자신의 머리 위에서 함께 하고 있다는 생각에 마음이 놓였다.

"왜 '나'로 돌아가지 않으면, 전환하며 성장하기가 어려운 거죠?"

"자네가 '왜'라는 질문을 하기 시작하는 것을 보아 기회를 한 번 더 주도록 하지. 여기 날달걀 하나가 더 있는데 한번 다시 세워 보게."

코끼리 M은 나비 B가 하라는 대로 달팽이 S의 '나'로 돌아가기를 해 보았다. 나의 존재 상태를 부정한다거나 어제의 낡은 나를 죽인다고 해서 코끼리 M이라는 존재가 변하는 것이 아니라는 점을 깨달으니 두려움 자체가 갑자기 사라졌다. 이어서 만약 나 자신이 날달걀이라면 어떻게 해야 근본적인 전환을 통해 성장할 수 있을지 생각해 보았다. 마치 애벌레가 나비가 되듯이 말이다.

"아하! 날달걀을 21일간 품으면, 병아리가 안에서부터 껍데기를 깨고 나오지요. 이렇게 새로운 생명으로 태어난 병아리는 스스로 서서 걸어 다닐 수 있지요."

"하하! 자네도 드디어 안에서부터 깨고 나와 새로운 생명이 되어 스스로 걸을 수 있게 되었군! 이와 같은 전환적 성장은 생명을 구성하는 몸, 마음과 영혼의 영역에서 끊임없이 발생함으로써 지속 가능한 성장을 이룰 수 있다네."

"감사합니다, 나비 선생님. 달걀에서 병아리가 되는 경험을 해 보니 선생님이 애벌레로부터 어떻게 나비로 전환하며 성장했는지 조금은 이해할 수 있을 것 같습니다. 전환하며 성장하기가 어려운 이유는 자신의 존재 상태에 대한 자기 부정, 심지어 이별이나 죽음까지 동반되어 사람들이 두려워하기 때문이라고 생각합니다. 이 두려움으로 인해 사람들은 '편하고 안전한 구역'인 토끼굴에 머물러 있길 원하는 것 같습니다. 하지만 제가 달팽이 선생님의 '나'라는 근본적인 존재로 돌아가 보니 죽음과 이별조차 두렵지 않게 되었습니다."

"정확히 이해했네. 다시 한번 강조하지만, 그렇다고 토끼굴 안에서의 생각의 전환과 혁신적 발상이 중요하지 않다는 의미는 절대 아니라네. 중요한 것은 토끼굴 안으로 들어갈 수도 있고 토끼굴에서 나올 수도 있는 전환적 성장 능력을 갖추는 것이라네. 지속 가능한 성장에 있어 '달팽이 S와 그의 친구들' 모두가 중요하다네."

나비 B는 코끼리 M이 혹시 토끼굴에 대해 좋고 나쁘다거나 맞고 틀리다로 판단하는 선과 악의 죽음의 계곡에 빠질까 봐 걱정되어 한마디 더했다. 하지만 자신이 괜한 걱정을 했다는 것을 바로 알아차렸다.

"나비 선생님, 걱정 마세요. 아무리 죽음이 두렵지 않다고 해도 파커 선생님이 도와줘서 건널 수 있었던 그 선과 악의 죽음의 계곡에 다시 들어갈 생각은 없습니다. 히히!"

코끼리 M의 대답을 들은 나비 B는 코끼리 M의 능청스러운 모습이 자신을 닮아 가는 것 같아 은근히 기분이 좋았다. 나비 B는 드디어 때가 왔다는 생각으로 기회를 놓치지 않고 코끼리 M의 가장 아픈 부분에 대해 이야기하기 시작했다.

"자네가 죽음과 이별까지도 두렵지 않다고 하니, 자네가 출생의 비밀을 받아들일 때가 된 것 같네. 자네는 부모님과의 이별, 즉 출생의 비밀 때문에 '나'를 찾는 여정을 떠나게 되었고 결국 '달팽이 S와 그의 친구들'까지 만나게 되었네. 이 만남을 통해 자네는 자신만의 유니그한 한글 나서을 그리고 있는 코끼리 M이라는 새로운 독립적인 생명으로 다시 태어나 성장할 수 있었다네."

코끼리 M은 나비 B의 말을 듣자 갑자기 울컥하면서 감정이 북받쳐 올라 눈물이 핑 돌았다. 그토록 찾고 싶고 꿈에서도 보고 싶고 그리워했던 부모님과의 이별로 인해 오늘의 코끼리 M이 있었다는 말에, 이제는 부모님을 놓아 드려야 한다는 것을 마음으로 깨달았다. 심지어 부모님이 자기와 같은 세상에 계시지 않는다고 해도 받아들일 수 있을 것 같았다. 왜냐하면 부모님은 분명히 코끼리 M의 삶의 궤적에서 한 부분을 차지하고 있고 죽음을 뛰어넘어 '나'라는 존재와 항상 함께한다는 믿음이 생겼기 때문이다. 이러한 믿음이 생기니 마음은 거위 털처럼 가벼워져 날아갈 것만 같았다.

"감사합니다. 선생님 덕분에 지금 이 순간 계속해서 저를 괴롭히던 출생의 비밀로부터 완전히 자유롭게 되었습니다. 그 누구에게도 사실 출생의 비밀은 없고 부모님과 출생의 이유는 '나'라는 존재인 황금 나선 안에 항상 함께해 왔다는 것을 깨달았으니 말이죠."

"자네가 이 고비를 잘 이겨 낼 것이라고 우리는 항상 믿어 왔네. 그리고 참 자랑스럽네. 어제의 나를 부정하고 오늘의 새로운 나를 받아들인다는 것이 생각처럼 쉬운 일은 아니라네. 이보다 더 두렵고 무서운 일은 세상에 없다네. 자네가 이야기한 것처럼, 죽음과 이별이 세상에서 가장 고통스럽기 때문이라네. 하지만 죽음과 이별이 결코 끝이 아니라 새로운 시작이라는 것을 깨닫게 되면 다시 만날 것이라는 희망이 생기고, 자네처럼 죽음과 이별을 있는 그대로 잘 받아들일 수 있게 된다네. 생즉필사 사즉필생이 전환하며 성장하기의 조건이라네."

"오늘 선생님들과의 이별이 너무 고통스러웠지만, 황금 나침판에서 다시 만날 수 있다는 희망이 있기 때문에 그래도 잘 이겨낼 수 있었습니다. 그런데 선생님, 저는 네 글자로 된 용어가 가장 어려운데, 생즉필사 사즉필생에 대해 조금 더 설명 부탁드리겠습니다. 히히!"

조금 전까지도 울고 있던 코끼리 M이 어느새 또 웃고 있었다.

"물론이네. 생즉필사 사즉필생은 '살고자 하면 죽을 것이요 죽고자 하면 살 것'이라는 뜻으로 풀이하지. 더 쉽게 이야기하면 생명이 곧 죽음이고, 죽음이 곧 생명이며, 이 둘은 하나라네. 생명의 본질에 대해 이해하려면 죽음이라는 화제를 피할 수 없다네. 우리가 만약 죽음이라는 주제가 두려워 요리조리 피해 다닌다면 우리에게 주어진 삶을 충분하게 잘 살아낼 수 없다네. 죽음이 곧 생명이고 생명이 곧 죽음이라는 뜻은 죽음 없이 새로운 생명이 없고 새로운 생명이 탄생하면 결국 죽음을 맞이하게 된다는 뜻이네. 죽음과 이별은 존재 상태를 바꾸는 것이지 '나'라는 존재 자체가 없어지는 것은 아니라네. 자네가 보았던 영화 〈트랜스포머〉에 나오는 주제도 '희생(제사)이 없이는 성공도 없다(No Sacrifice, No Victory)'라고 했는데 이와 일맥상통한다네."

"그래서 영화 제목이 전환을 의미하는 영문 '트랜스포머 (Transformer)'였군요."

"그렇다네. 〈트랜스포머〉에서 나오는 주인공이 자신의 목숨을 걸고 메가트론의 손으로부터 입방체 모양의 생명을 만드는 장치 '올스파크(All Spark)'를 지키고 나서 옵티머스에게 한 대사가 바로 '희생이 없이는 성공도 없다'였네."

"와! 선생님도 언제 그 영화들을 다 보았죠? 저만 이런 영화에 관심이 있는 줄 알았어요."

코끼리 M은 입방체 모양의 생명을 만드는 장치라는 말을 듣고 나니 흰토끼 R의 멋진 토끼굴 생각이 났다. 생명을 만드는 장치라는 측면에서 올스파크라는 입방체는 또 다른 초월적이고 절대적인 '이미지'를 상징하는 것 같기도 했다.

"하하! 난 전환하며 성장하기와 관련된 모든 것에 관심이 많다네. 심지어, 우리 생명의 주기인 생, 노, 병, 사와 1년이 갖고 있는 춘, 하, 추, 동, 그리고 오늘이라는 특별한 하루의 오전, 오후, 저녁과 밤이라는 주기에서 죽음, 겨울, 밤은 모두 새로운 생명, 만물이 소생하는 봄과 모든 것이 새로운 하루를 맞이하기 위한 조건이라네. 태아가 자신에게 영양분을 공급하고 있던 탯줄을 끊으면서 모체로부터 분리하여 독립된 생명체가 되는 것처럼 말일세. 그래서 우리에게는 오늘을 일생처럼 사는 지혜가 필요하다네."

코끼리 M도 오늘을 일생처럼 살아야 한다는 유명 인사들의 명언들을 많이 봐왔지만, 구체적으로 어떻게 살아야 하는지에 대한 안내는 명확하지 않았다. 그래서 친구들이 달팽이 S에게 함께 깨달은 황금 나선이라는 정체성 지도와 황금 나침판으로 오늘을 일생처럼 살 수 있는 지혜를 책으로 써 널 것을 부탁했던 것이다.

"이제 '전환하며 성장하기'의 조건과 이유를 알았다면, 어떻게 성장하여야 지속 가능한 성장을 할 수 있는지 알아야 한다네. 달팽이 S가 이미 자네에게 이야기했듯이 세상은 점이나 원, 직선이 아니라 끈의 형태로 연결된 황금 나선이라네."

"달팽이 선생님의 등에 있는 황금색 패가가 황금 나선, 그리고 달팽이 선생님이 가르쳐 준 황금 나침반까지 모두 황금이라는 단어를 사용하는데 그 의미는 무엇인가요? '귀중하고 가치가 있다'는 것을 표현하기 위함인가요? 아니면 '돈이나 재물'을 나타내기 위함인가요?"

"사람마다 자기 나름대로 해석할 수 있겠지만, 여기서 말하는 '황금'은 우주 만물이 공유하고 있는 피보나치 수열이라는 패턴과 성장하는 법칙 속에 숨어 있는 황금 비율 때문에 갖게 된 이름일세."

"그렇다면 그 황금 비율은 또한 무엇인가요? 나비 선생님, 비록 저는 어려운 용어나 추상적인 숫자가 싫지만, 그래도 조금 더 자세하게 설명해 줄 수 있나요? 제가 가장 갖고 싶은 나만의 황금 나선과 관련이 있어 보입니다."

"하하! 좋네. 조금은 어려운 내용들이어서 모두 이해할 수 없을 수도 있네. 하지만 가능한 한 쉽게 설명하기 위해 조금은 길게 설명할 텐데 자네 일단 인내심을 갖고 들어 보게."

"네, 선생님. 저도 황금 나선과 관련된 모든 것에 관심이 많아 이 정도는 참을 수 있습니다. 히히!"

"우주 만물이 존재하는 패턴과 성장 법칙에 대한 안내를 시작하도록 하지. 황금 나선이라는 단순한 패턴과 법칙을 숫자로 표현하면 Φ, 1, 2, 3과 ∞이네. 이 패턴과 법칙은 이미 우리의 삶 가운데 깊숙이 숨어 있다네. 자네가 이제 '달팽이 S와 그의 친구들'을 다 만났으니 우리를 예로 설명하면, 자네가 가장 잘 이해할 수 있을 것 같네.

자웅동체를 나타내는 중첩된 0과 1인 Φ가 바로 달팽이 S라네. '나'라는 존재로부터 인생에서 가장 중요한 하나인 1을 '마음으로 보는 것'은 여우 F, 숫자 2가 나타내는 파동과 입자의 이중성을 '행동으로 하나 되기' 하는 호랑이 T, 공간, 물질과 시간이라는 완전수 3인 '토끼굴, 즉 루틴으로 들어가기'를 하는 흰토끼 R, 마지막으로 무한∞을 향해 지속 가능하게 '전환하며 성장하기'를 하는 나까지 '달팽이 S와 그의 친구들' 다섯 명이 황금 나선을 구성하는 Φ, 1, 2, 3과 ∞을 대표한다네.

다섯 숫자가 대표하는 원리와 법칙은 의외로 간단하여 가장 간단한 더하기만 알아도 이해할 수 있다네. 앞서 언급했던 Φ, 1, 2, 3과 ∞이라는 패턴 자체의 생성 법칙은 Φ라는 그리스 문자가 대표하는 황금 비율인 1.618… 안에 내재 되어 있다네. 0+1=1, 1+1=2, 1+2=3, 2+3=5처럼 첫 번째 항인 중첩된 0과 1에서 두 번째 숫자인 1이 나오고, 그 이후의 항들은 모두 이전의 두 항을 더한 값으로 이뤄진다네. 마치 과거와 현재의 선택을 합쳐서 자네의 미래가 되는 것(과거+현재=미래)처럼 간난하아나네.

이렇게 형성된 피보나치 수열(0, 1, 1, 2, 3, 5, 8, 13, 21…)은 숫자가 커짐에 따라 각 수와 이전 수의 비율이 다시금 1.618…에 근접한다네. 피보나치 수열을 한 변의 길이로 하는 정사각형을 그린 다음 이들을 4분원 곡선으로 연결하면 등각나선형곡선 또는 피보나치 나선이 되는데 바로 우리가 지금까지 이야기했던 황금 나선이라네.

태극 문양 속의 음과 양을 나누는 곡선과 앵무조개의 구조에서도 나타나는 황금 나선은 '자기 유사성'을 유지한 상태에서 무한 확장이 가능하다네. 황금 나선은 앞서 언급했던 우리의 생명의 정보를 담고 있는 미시적 세계를 대표하는 DNA의 이중 나선 구조부터 시작하여 우주가 탄생해서부터 확장해 가고 있는 거시적 세계를 대표하는 은하계의 나선 구조에 이르기까지 모든 구조에서 확인 가능하네. 이처럼 황금 나선은 우주 만물이 공유하는 일종의 보편적 패턴과 성장하는 법칙으로 볼 수 있네.

앞서 이미 여러 번 설명했던, 하루는 오전, 오후, 저녁, 밤으로 나누고, 한 달은 신월, 상현, 만월, 하현으로 나눌 수 있으며, 한 해는 춘, 하, 추, 동이라는 4계절로 구성되네. 또 생명을 갖고 있는 모든 유기체는 생, 노, 병, 사의 생명주기 과정을 경험하게 되고 인류의 역사는 원시 사회, 농경 사회, 산업 사회, 후기 산업 사회, 정보화 사회로 나눌 수 있으며, 우주의 생명주기도 탄생, 확장, 붕괴, 소멸의 과정으로 볼 수 있지. 성경의 전체 구조 또한 창조, 타락, 구속, 새 창조라는 거대한 서사로 구성된 생명 주기적 성장 법칙으로 이해할 수 있다네. 이 외에도 미술, 음악과 인체 구조에 이르기까지 수많은 예를 더 들 수 있지만, 이 정도면 더 이상 설명하지 않아도 황금 나선이 갖고 있는 패턴과 성장 법칙에 대해 감을 잡기에는 충분할 것 같네."

"나비 선생님, 이렇게 자세히 설명해 주어서 감사합니다. 용어들이 어려워 모두 이해할 수는 없지만, 지금까지 계속 반복되는 한 가지 중요한 패턴이 존재한다는 사실은 확실한 것 같습니다. 바로 '달팽이 선생님과 친구들'이 대표하는 Φ, 1, 2, 3과 ∞이라는 황금 나선의 존재 패턴과 성장 법칙 말입니다."

"괜찮다네. 지금 이야기한 내용들은 황금 나선이라는 배후에 있는 패턴과 법칙이어서 꼭 모두 이해하지 않아도 된다네. 마치 스위치를 누르면 전등이 켜지는 원리를 몰라도 우리는 전등을 켤 수 있듯이, 황금 나선이라는 정체성 지도와 황금 나침반을 사용하여 황금 비율을 갖고 있는 지속 가능한 성장의 길을 걸을 수만 있다면 된다네."

코끼리 M은 나비 B가 설명해 준 전환하며 성장하기의 조건과 경로에 대한 설명을 들으면서 오늘 특별한 하루 여정에서 만났던 달팽이 S와 그의 친구들, 그리고 경험했던 모든 일과 사건들이 황금 나선으로 연결되어 있고 이 황금 나선의 원형은 달팽이 S가 가르친 '나'라는 존재 Φ 안에 내재 되어 있다는 것을 확인하고 놀라움을 금치 못했다.

"정말 놀랍습니다. 달팽이 선생님이 처음에 약속했던 단순하고 우아하면서도 아름다운 황금 나선이 이 특별한 여정의 시작이자 끝이네요."

"하하! 그렇다네. 달팽이 S는 자신의 황금 나선을 등에 지고 있으면서도 이를 찾아 한평생 우리 네 친구들을 만나러 다녔다네. 그렇다고 달팽이 S의 고생이 헛되다는 의미가 아니라네. 만약 달팽이 S의 문제의식과 '나'를 찾아 떠나는 용기가 없었다면, '달팽이 S와 그의 친구들'로 구성된 황금 나선에 대한 발견도 있을 수 없었을 것이네. 달팽이 S의 황금색 패각 위의 황금 나선도 그렇게 반짝반짝 빛나지도 못했을 것이네."

"달팽이 선생님의 황금 나선이 폴라리스처럼 빛이 난 이유가 여기에 있었군요. 히히!"

"그렇다네. 달팽이 S의 고생 덕분에 나도 애벌레 C에서 파랑 나비 B로 다시 태어나게 되었고 자신만의 황금 비율을 찾아 이렇게 아름답고 우아한 모습으로 전환하면서 성장하게 되었다네. 심지어 내가 한 번 날갯짓을 하면 어느 곳에서는 돌풍이 발생하는 것도 황금 나선으로 인한 나비 효과라네. 자네도 자네 만의 황금 나선을 그리게 될 것이라고 달팽이 S가 이야기하지 않았는가?!"

"네. 저도 달팽이 선생님처럼 빛나는 황금 나선을 갖고 싶다고 했더니, 제가 이미 '나'만의 황금 나선을 갖고 있다고 하셨습니다. 다만, 저의 눈에 잘 보이지 않을 뿐이라고 하셨어요. 그리고 '나'로 돌아가는 방법으로 가르쳐 준 것이 공간적 차원에서의 정체성 지도와 시간적 차원에서 황금 나선을 그려 나갈 수 있는 황금 나침판이었어요."

"자네가 다시 달팽이 S의 '나'로 돌아가면서 모든 것이 여우 F의 마음으로 새롭게 보이기 시작하는 것 같군. 그렇다면 이제는 달팽이 S가 처음에 이야기했던 '달팽이 S와 그의 친구들'이 생명의 존재와 주기를 이루는 하나의 진동하는 끈이라는 말의 의미도 이해할 수 있을 것 같네. 진동하는 황금 나선이라는 이 끈이 바로 우리가 그동안 잃어버렸던 미시와 거시, 아니 쉬운 말로 표현하면 나와 '나' 사이의 연결 고리라네."

"미시와 거시라는 용어 대신 나와 '나'라는 용어를 써 주신 것은 고맙지만, 저에게 똑같이 어렵습니다. 따옴표가 없는 나와 있는 '나'는 과연 어떻게 다른가요?"

"잠시만 방심해도 추상적인 어려운 용어를 쓰는 옛날 버릇이 그대로 나오는데 자네 덕분에 항상 주의하고 있네. 달팽이 S가 처음 자네를 만나서 했던 말 기억 나는가?"

코끼리 M은 이마 위에서 조용히 지켜보고 있는 달팽이 S를 올려다보면서 해맑게 웃고는 달팽이 S의 말투를 흉내 내면서 대답했다.

"네. 저는 제가 했던 첫 질문에 달팽이 선생님이 하셨던 도저히 이해할 수 없었던 그 대답을 영원히 잊을 수가 없습니다. 달팽이 선생님은 '목적지가 그렇게 먼 곳에 있는 것이 아니라네. 내가 깨달은 바는 나의 목적지가 '그때, 거기'이자, 바로 '지금, 여기'라는 점이네. 즉, 내가 지고 있는 무거운 짐이 바로 '나'이고 나의 목적지이자 내가 가야 할 길이란 것을 깨달았네.'라고 말씀하셨어요. 제가 이번 여정에서 달팽이 선생님의 말 중 두 번째로 궁금했던 말이랍니다."

"하하! 달팽이 S의 말에는 심오함과 깊이가 있어 그렇다네."

나비 B가 오랜만에 다시 농담을 하기 시작하자 모두 함께 웃었다.

"그렇다면 가장 궁금한 말은 무엇인가?"

"여우 선생님으로부터 '그칠 데'를 안다는 것의 풍부한 의미에 대해 설명을 들었지만, 달팽이 선생님이 이야기했던 '그칠 데'를 안다는 것에 대해 아직 여운이 남아 있어 마지막에 꼭 한번 다시 여쭤보고 싶었습니다. 달팽이 선생님도 오늘 특별한 하루 여정을 마무리할 즈음에는 저의 소원이 이뤄질 것이라고 하셨는데 멈춰 서는 것과 내려놓는 것으로 이해하는 것만으로는 만족할 수 없었습니다."

"오늘 특별한 하루 여정도 이제 그칠 때가 되었으니 '그칠 데'의 의미와 함께 나와 '나'라는 의미까지 함께 설명하도록 하지. 달팽이 S의 말 중에서 '지금, 여기'가 따옴표가 없는 나이고 '그때, 거기'가 따옴표가 있는 초월적인 '나'라네. '그칠 데'로서 '지금, 여기'와 '그때, 거기'가 하나이듯이 시작이 끝이고 끝이 시작이며 나는 '나'라네. '나'만의 황금 나선이라는 진동하는 끈이 나와 '나'를 하나로 연결함으로써 '나'라는 유니크한 황금 나선으로 돌아가는 것이 '그칠 데'를 안다는 의미라네. 한마디로, 정체성 지도와 황금 나침판을 통해 '지선의 도에서 그친다(止于至善)'라는 의미로서 황금 나선이라는 존재와 지속 가능한 성장의 길에서 벗어나지 않는 것을 의미한다네!"

"와! 나비 선생님. 이렇게 심오하고 어려운 말들이 놀랍게도 이제는 모두 이해가 됩니다. 지금, 여기의 나와 그때 거기의 '나' 사이의 잃어버린 연결 고리가 바로 나는 '나'라고 생각하니 나만의 황금 나선의 길을 꿋꿋하게 걸어가는 일만 남았네요. 이 길에서 벗어나지 않도록 '달팽이 선생님과 그의 친구들'로 구성된 정체성 지도와 황금 나침판이 오늘 특별했던 하루 여정처럼 항상 함께한다고 생각하니 마음이 니무 든든합니다."

"자네의 마지막 궁금증까지 다 풀렸으니, 나도 이제는 짐을 싸고 황금 나침판에서 생명의 은인들을 만날 준비를 해야겠군. 하하!"

"나비 선생님이야말로 저에게 생명 성장의 무한한 가능성과 영원불변의 존재의 이유를 보여 주셨습니다. 매일 황금 나침판에서 선생님과의 만남이 무척 기대됩니다. 평안한 밤 보내시기 바랍니다."

코끼리 M의 인사를 받은 파랑 나비 B는 반딧불 친구들과 함께 코끼리 머리 위를 빙빙 돌면서 달팽이 S와 작별 인사를 하고자 했다.

"자네와는 인사할 필요가 없을 것 같네. 나를 보고 싶어 곧 다시 찾아올 것 같은 예감이 들어서 말이네. 하하!"

달팽이 S도 이제는 나비 B의 이와 같은 농담을 받아 주기 시작했다.

"자네 어떻게 알았지? 난 자네가 너무 보고 싶어 떠날 생각조차 없다네. 하하!"

"자네 어쩌다가 이런 농담까지 다 하고, 내일 해가 서쪽에서 뜨는 것 아닌가?!"

"해가 서쪽에서 떠도 전혀 놀라운 일이 아니라네! 자네 덕분에 난 나의 목숨을 구해 준 코끼리 M에게 은혜를 갚게 되었을 뿐만 아니라, 자네들이 부탁한 책을 쓰기 위한 마지막 퍼즐도 완성하게 되었다네. 이 감동이 가시기 전에, 난 이 바닷가에서 자네와 함께 머물면서 이 책을 완성하고 싶네. 완성하게 되면, 여우 F, 호랑이 T와 흰토끼 R까지 다 불러서 이 바닷가에서 파티를 하도록 하지!"

달팽이 S가 파랑 나비 B와 함께 바닷가에 남겠다는 말에 달팽이 S와 이별할 마음의 준비가 되지 않았던 코끼리 M은 갑자기 눈물이 쏟아지기 시작했다. 어제저녁 이맘때 만나 지금까지 함께한 둘의 여정은 특별한 코끼리 M의 하루이자 특별한 달팽이 S의 인생이기도 했다. 둘 사이도 이제는 떼려야 뗄 수 없는 관계가 되었다.

"달팽이 선생님, 솔직히 선생님을 떠날 마음 준비를 하지 못했습니다. 오늘 선생님과 선생님의 친구들과 함께한 특별한 하루 여정을 통해 제가 고민했던 13개의 인생 문제들을 모두 해결하게 되었는데 제가 선생님들께 꼭 해 드리고 싶은 좋은 일을 아직 하지 못했습니다. 저에게 기회를 주신 후 떠나셔도 늦지 않은데 조금만 저와 함께 더 있을 수 없나요?"

"너무 슬퍼하지 말게. 만남이 없으면 이별이 없고 이별이 없으면 새로운 만남이 없지 않은가? 자네가 나의 목숨을 구해 준 덕분에 난 자네와 함께 나의 인생을 하루 만에 다시 돌이켜 볼 수 있는 기회를 갖게 되었네. 더 중요한 것은, 자네와 함께 한 특별한 하루 덕분에 난 내가 죽기 전에 꼭 써야 할 책에 관한 영감을 얻게 되었고 오늘 나비 B까지 만나면서 마지막 퍼즐까지도 완성하게 되었다네. 자네는 이미 나와 나의 친구들에게 최고로 좋은 선물을 해 주었다네."

코끼리 M은 달팽이 S가 무슨 말을 하는지 어리둥절했다. 자신이 한 것이 아무것도 없고 하루 종일 받기만 했는데 달팽이 S와 그의 친구들에게 이미 최고로 좋은 일을 했다는 말에 무척 궁금했다. 궁금함을 못 참는 코끼리 M은 바로 달팽이 S에게 물었다.

"최고로 좋은 선물이 무엇인가요? 저는 왜 모르죠? 황금 나선이라는 정체성 지도와 황금 나침판은 선생님들이 저에게 준 선물인데, 이보다 더 좋은 선물 어디에 있나요?"

"자네가 나와 나의 친구들에게 자네와 영원히 함께할 수 있는 방법을 찾도록 도와주었다네. 조금만 더 기다리면 곧 알게 될 것이네. 나와 친구들이 자네와 황금 나선이라는 정체성 지도와 황금 나침판에서 매일 만나기로 약속하지 않았는가? 그 약속대로 꼭 만나도록 하세! 그리고 바닷가에서의 축하 파티에도 물론 자네가 빠지면 안 되니 너무 슬퍼하지 말게!"

정체성 지도와 황금 나침판에서 매일 만나기로 약속한 것과 축하 파티에도 초대한다는 달팽이 S의 말에 너무 신나서 코끼리 M은 또다시 덩실덩실 춤을 추기 시작했다. 이때 달팽이 S가 자신의 이마 위에서 떨어지는 모습을 본 코끼리 M이 놀라서 비명을 질렀다!

*
*
*

단순한 법칙

코끼리 M의 황금 나선

"달팽이 선생님! 조심하세요!"

코끼리 M은 이마에서 코를 따라 데굴데굴 떨어지는 달팽이 S를 보고 놀라 크게 소리 질렀다. 비명 소리에 스스로 놀라 잠에서 깨어난 코끼리 M은 주위를 자세히 살펴보았다. 달팽이 S와 나비 B, 그리고 반딧불 친구들은 온데간데없이 사라졌고 대신 어두운 밤하늘에서 폴라리스와 수많은 별이 반짝반짝 빛을 내는 모습만 보였다.

'지금까지 겪은 모든 것이 결국 꿈이란 말인가? 파커 선생님 말이 맞았군!'

코끼리는 속으로 호랑이 T가 '꿈이 아니라는 것을 자네가 어떻게 확인할 수 있는가?'라는 질문을 한 것을 보아 파커 선생님은 이미 알고 있었던 것 아닌가 하는 의심도 들었다. 아직도 정신을 완전히 차리지 못한 코끼리 M은 어느 것이 꿈인지 어느 것이 생시인지 분간하기 어려웠다. 꿈이라 하기에는 너무나도 생생했고 현실이라 하기에는 지금 깨어나 생각을 하고 있는 자신을 설명할 수 없었다. 하지만 이젠 이런 질문조차 코끼리 M에게는 큰 의미가 없었다. 지금 또한 꿈이 아니라는 것을 확인할 수 없다는 사실을 잘 알고 있는 코끼리 M은 호랑이 T의 도움으로 꿈인지 생시인지라는 죽음의 계곡을 넘었기 때문이다.

꿈인지 생시인지를 떠나 달팽이 S의 안위가 걱정될 뿐이었다. 다행스럽게도 코끼리 M은 달팽이 S가 했던 '자신이 다칠 것이라는 걱정은 하지 않아도 된다'는 이야기가 생각났다. '등에 지고 있는 황금 나선이 그려져 있는 황금색 패각이 몸이자 집이면서 또한 방패 역할을 함으로써 모든 위기로부터 나를 보호해 주는 역할을 한다'고 했기 때문에 마음이 조금은 놓였다. 또 달팽이 S가 그의 친구들과 코끼리 M을 위해서 꼭 해야 할 일이 아직 남아 있는 데다가, 축하 파티에 대한 약속도 있기 때문에 분명 살아 있을 것이라는 생각이 들었다.

이때 새벽 동이 트기 시작했다. 코끼리 M에게 있어 '달팽이 S와 그의 친구들'과 꿈에서 모든 인생 문제들을 해결하고 맞이하는 첫 번째 아침이었다. 모든 것이 새로웠다. 빛이 어둠을 밀어내고 있는 이 시점에 코끼리 M은 자신의 삶에서도 멈출 수 없는 사랑의 에너지가 생겨나고 있음을 느꼈다. 조금씩 희미해져 가는 폴라리스와 하늘에 별든을 보면서, 코끼리 M은 자신의 코를 들어 감사와 경의를 표했다. 그때, 코끼리 M은 자신의 코의 모양이 달팽이 S의 패각에 그려져 있던 황금 나선과 닮아 있음을 발견했다. 달팽이 S는 등에 지고 자신의 황금 나선을 찾아다녔다면, 자신은 매일 손처럼 사용하고 있고 달팽이 S의 목숨까지 구해 줬던 이 코가 바로 자신만의 '황금 나선'을 보여 주고 있다는 사실에 코웃음이 절로 나왔다.

'등잔 밑이 어둡긴 어둡군. 히히!'

코끼리 M은 혼자 빙그레 웃다가 달팽이 S와 그의 친구들이 황금 나침판에서 만나자고 했던 약속이 생각났다. 코끼리 M은 특별한 새로운 하루를 시작하면서 달팽이 S가 가르쳐 준 대로 자신만의 황금 나선이라는 정체성 지도와 황금 나침판을 만들어 보았다.

코끼리 M은 달팽이 S를 생각하면서 가장 먼저 '나'로 돌아가기부터 시작했다. 오늘 중요한 공연이 있어 예전 같았으면 서둘러 21세기 서커스단으로 복귀부터 먼저 했겠지만, 달팽이 S의 가르침 대로 새로운 하루를 시작하기 전에 잠깐 멈춰 서서 나만의 조용한 시간을 갖기로 했다. 가장 먼저 요가와 스트레칭을 통해 몸을 풀어 준 후, 코끼리 M은 달팽이 S처럼 명상에 들어갔다. 눈을 감은 코끼리 M의 머릿속에 특별한 하루 여정에서 만났던 '달팽이 S와 그의 친구들', 그리고 그들의 가르침들이 파노라마처럼 떠올랐다. 달팽이 S의 '나'로 돌아가기를 통해 삶 전체의 정체성 지도가 잠에서 깨어나 보았던 폴라리스와 수많은 별처럼 보였다. 과거와 현재, 그리고 미래의 모든 관계와 일들로 구성된 '나'라는 정체성 지도 위에 오전에 만났던 여우 F의 마음으로 보기, 오후에 만났던 호랑이 T의 행동으로 하나 되기, 저녁에 만났던 흰토끼 R의 루틴으로 들어가기와 밤에 만났던 파랑 나비 B의 전환하며 성장하기까지 하루하루 황금 나침판을 통해 그리게 될 자신만의 단순하고 아름답고 우아한 황금 나선이 한눈에 보이기 시작했다.

'시공간을 초월하는 나만의 황금 나선을 볼 수 있게 된 것은 다 여우 선생님 덕분이야!'

코끼리 M은 여우 F에 대한 감사함과 함께 네 개의 질문에 묻고 답하면서 황금 나침판을 작성했다. 우선, 오늘 나에게 가장 중요한 관계는 누구인가? 코끼리 M에게 있어 오늘 가장 중요한 사람은 '달팽이 S와 그의 친구들'이었다. 자신에게 가장 행복하고 특별했던 하루처럼 매일 달팽이 S와 그의 친구들과 함께한다면 나만의 황금 나선을 그리는 것도 시간 문제라는 생각이 들었다. 비록 달팽이 S는 코끼리 M이 이미 그들에게 최고로 좋은 선물을 했다고 하지만, 코끼리 M은 그들에게 좋은 일을 하기도 전에 꿈에서 깨어난 것이 몹시 아쉬웠다.

두 번째 질문은, 오늘 나에게 가장 중요한 일은 무엇인가였다. 마치 달팽이 S와 그의 친구들이 나는 내 일을 하고 당신은 당신 일을 하라고 했던 것처럼, 코끼리 M도 오늘 21세기 서커스단에서 하게 될 중요한 공연을 열심히 하는 것을 통해 호랑이 T의 행동으로 하나 되기를 실천하고자 했다.

세 번째 질문은, 이번 주 지속적으로 견지해야 할 가장 중요한 핵심 습관은 무엇인가이다. 달팽이 S의 정체성 지도를 기반으로 매일 황금 나침판이라는 성장 일기를 쓰는 습관을 형성함으로써 흰토끼 R의 토끼굴인 루틴으로 들어가는 것이다.

마지막 질문으로는, 오늘 자기 생명의 지속 가능한 전환적 성장을 위해 무엇을 할 것인가인데 이 부분은 몸, 마음과 영혼이라는 세 가지 영역으로 나눠 이번 주 견지해야 할 내용들을 적었다. 코끼리 M은 이미 요가와 스트레칭을 통해 하루를 시작했고, 오전에 공연을 위한 체력 강화 운동을 공연 전에 30분간 하기로 했다. 마음의 건강을 위해서는 밤에 도서관으로 가서 『파이 이야기』라는 책을 다시 읽고, 영혼의 성장을 위해서는 달팽이 S와 그의 친구들이 해답해 준 첫 번째 인생 질문인 '나는 누구인가?'라는 질문과 돌고래 D가 개발한 13가지 덕목 중 '절제'를 생각하면서 실천하기로 했다.

이렇게 자신의 정체성 지도와 첫 번째 황금 나침판을 완성하고 나니 해가 동쪽에서 얼굴을 활짝 내밀면서 반겨 주었다. 코끼리 M은 자신이 직접 작성한 황금 나침판에 따라 또 하나의 특별한 하루를 보내게 되었다. 오늘도 오전에는 여우 F를 만나는 것 같았고, 오후에는 호랑이 T, 저녁에는 흰토끼 R, 그리고 밤에 자기 전에 파랑 나비 B와 함께하는 기분이어서 더 이상 외롭지 않았고 항상 달팽이 S와 그의 친구들과 함께하는 것 같아서 행복했다.

코끼리 M은 낮에는 열심히 공연하고 밤이 되면 달팽이 S와 그의 친구들이 안내해 줬던 내용들을 공부하기 위해 도서관이나 영화관을 계속 다녔다. 요즘은 서점도 다니기 시작했다. 가능성은 적겠지만, 혹시라도 달팽이 S, 그리고 그의 친구들과 보낸 시간들이 진실이라면 달팽이 S가 그 책을 쓰는 데 꼭 성공했을 것이라는 믿음 때문이었다.

그러던 어느 날 저녁, 서점의 신간 코너에 버젓이 놓여 있는 『코끼리 M의 특별한 하루』라는 책을 보고 코끼리 M은 깜짝 놀랐다. 조심스럽게 다가가 시지를 보니, 기대했던 대로 정말 자기가 꿈에 만났던 '달팽이와 그의 친구들'이었다. 길지 않았던 이야기를 그 자리에서 읽어 보니 바로 코끼리 M 자신이 경험했던 그 '특별한 하루'에 관한 이야기였다. 이제야 코끼리 M은 달팽이 S가 이야기했던 '최고로 좋은 선물'이 바로 이 책이라는 것을 알게 되었다. 달팽이 S와 그의 친구들이 끝내 소원을 이뤄낸 것에 너무 기뻐 또 한 번 춤을 신나게 추고 싶었지만, 갑자기 더 이상 서점에 머물면 안 된다는 생각이 들었다. 『코끼리 M의 특별한 하루』를 읽게 되면 많은 사람이 방 안에 있는 자신을 알아볼 텐데, 더는 돌아다니면 안 되겠다는 생각으로 급히 서커스단으로 돌아왔다.

코끼리 M은 모든 것이 너무 신기했다. 자신이 이미 깨어났다고 생각한 생시에서 어떻게 꿈에서 만났던 달팽이 S와 그의 친구들이 『코끼리 M의 특별한 하루』라는 책을 출판할 수 있게 되었지?! 이 순간 코끼리 M에게 있어 꿈과 현실의 모든 경계는 그대로 무너져 버렸다. 호랑이 T가 만약 '무엇을 보는가, 무엇을 아는가, 무엇을 상상하는가, 무엇을 믿는가에 의해 '나'의 현실이 결정'된다는 말을 해 주지 않았다면 어떻게 이 상황을 받아들여야 할지 모르고 꿈인지 생시인지라는 죽음의 계곡에서 헤어나지 못할 뻔했다.

책을 출판한 후, 달팽이 S와 그의 친구들이 다 모여서 축하 파티를 했는지? 했다면 왜 자신을 초청하지 않았는지? 등 일련의 질문들도 이어졌다. 자신에게 알리지도 않고 책을 출판하는 바람에 사람들에게 그대로 발견될 뻔했고 더 아쉬운 것은 이제 더 이상 저녁에 마음대로 다닐 수 없게 되었다는 사실이었다. 그럼에도 불구하고 코끼리 M은 달팽이 S와 그의 친구들이 끝내 이 책을 완성했다는 사실에 감사했고, 황금 나침판을 통해 항상 함께할 수 있다는 생각에 모든 것이 보상받는 기분이었기에 만족하기로 했다.

코끼리 M은 더 이상 자신의 인생 문제들의 답을 찾아 헤맬 필요가 없어졌다. 항상 비밀은 등잔 밑에 있기 때문이다. 이제는 21세기 서커스단에서 달팽이 S와 그의 친구들이 직접 가르쳐 준 코끼리 M의 정체성 지도를 기반으로 오늘 하루를 사는 황금 나침판이라는 성장 일기를 쓰면서 자신만의 황금 나선을 그리면서 살기로 결심했다. 자신에게 가장 중요한 관객들을 위해 가장 멋진 공연을 함으로써 최고의 기쁨을 선물해 주고 싶었기 때문이다.

『코끼리 M의 특별한 하루』라는 책을 읽은 독자들은 모두 각자의 시간과 공간에서 자신만의 리듬과 페이스에 맞게 황금 나선이라는 지속 가능한 성장의 길을 걷기 시작했다. 독자들은 황금 나선이라는 깅제션 지두와 황금 나침판에서 달팽이의 유니크한 존재인 '나'로 돌아가 여우의 마음으로 보고 호랑이의 행동으로 하나 되며 흰토끼의 루틴으로 들어가고 파랑 나비의 전환하며 성장하기를 통해 개인, 가정, 조직 및 사회의 문제들을 해결할 수 있다는 것을 발견하게 되었다. 매우 작은 평범한 일상의 문제부터 시작하여 '코로나와 그의 친구들'과 같은 인류 전체가 직면하고 있는 거대한 문제들까지 해결할 수 있다는 희망까지 갖게 되었다.

21세기 서커스단 단장도 『코끼리 M의 특별한 하루』라는 책을 읽게 되었다. 단장은 책의 주인공이 출생의 비밀을 갖고 있던 서커스단의 코끼리와 너무 닮아 있어 자신이 함부로 이름을 지어 준 것에 마음이 크게 찔렸던 모양이다. 다행스럽게도 서커스단장은 이 책에서 소개하는 존재 패턴과 성장 법칙, 특히 파랑 나비 B의 전환하며 성장하기의 조건에 큰 감명을 받았다. 그는 서커스단의 코끼리와 직원들뿐만 아니라, 배우자와 자녀, 심지어 자기 자신에게도 마음대로 이름을 지어 왔다는 사실을 발견했다. 자신이 갖고 있는 제한된 정보와 지식으로 각양각색의 이름, 개념, 라벨, 프레임, 이론을 만들어 자신과 타인을 판단하고 정의하는 것이 삶에 얼마나 큰 영향을 미치는지를 깨달았다.

단장은 그동안 코끼리 M을 미스터리 M이라고 불러 왔던 것에 대해 너무 미안하여 그에게 조금이라도 보상하기 위해 특별한 선물을 해 주고 싶었다. 동시에『코끼리 M의 특별한 하루』라는 책에서 깨달은 존재 패턴과 성장 법칙을 더 많은 사람에게 알리기 위해 책의 내용을 서커스단의 메인 공연으로 장식하기로 했다. 이를 위해, 단장은 특별히 아프리카에서 금와 달팽이를, 프랑스에서 여우를, 멕시코에서 호랑이를, 영국에서 토끼와 파랑 나비를 스카웃하여 공연을 준비하기 시작했다.

코끼리 M과 처음 한자리에 모인 그 순간, 단장은 당연히 눈치를 채지 못했지만 모두 감격의 눈물을 흘리기 시작했다. 이번에 스카웃한 동물들이 바로 코끼리 M이 꿈에서 만났던 달팽이 S, 여우 F, 호랑이 T, 흰토끼 R과 나비 B였던 것이다. 그들은 밤에는 코끼리 M을 떠나보낸 후에 발생했던 많은 일과 어떻게 '달팽이와 그의 친구들'이라는 저자 이름으로『코끼리 M의 특별한 하루』를 출간할 수 있었는지, 그리고 무엇보다 황금 나선이라는 정체성 지도와 황금 나침판에 대한 이야기들을 서로 나누었다. 낮에는 너무 자연스럽게 '코끼리 M의 특별한 하루'를 공연하기 시작했다. 비록 원래 살던 고향을 떠나 서커스단에서 공연을 하게 되었지만, 코끼리 M과 달팽이 S, 그리고 그의 친구들 모두 한 팀이 되어 우주 만물이 공유하는 황금 나선이라는 존재 패턴과 성장 법칙을 더 많은 사람에게 알릴 수 있게 된 것을 감사하게 생각했다.

책의 흥행과 더불어, 21세기 서커스단에 '코끼리 M의 특별한 하루' 공연을 보기 위한 사람들이 몰려들기 시작했다. 얼마 지나지 않아 도저히 감당할 수 없는 관객들이 모이자 서커스단 단장의 영화감독 친구가 그에게 <코끼리 M의 특별한 하루>라는 영화를 찍어 보자는 제안을 해 왔고 그는 흔쾌히 수락했다. 서커스단 단장도 이 책과 공연을 통해서 변화하고 성장하는 사람들을 보면서 더 많은 사람이 행복하고 의미 있는 삶을 찾기를 원했기 때문이다.

영화감독은 코끼리 M과 달팽이 S, 여우 F, 호랑이 T, 흰토끼 R, 파랑 나비 B와 함께 아프리카, 프랑스, 멕시코 등 세계 곳곳을 다니면서 영화를 찍기 시작했다. 그리고 드디어 마지막 장면을 찍기 위해 파랑 나비가 살고 있던 영국 동남부 더들도어 비치에 모두 모였다. 그들이 약속했던 『코끼리 M의 특별한 하루』 출간을 축하하는 장면을 촬영하기 위해 이보다 더 좋은 장소는 없었다.

　마침내 코끼리 M은 달팽이 S와 그의 친구들과 함께 더들도어 코끼리 바위를 배경으로 한 바닷가에 모여서 약속했던 즐거운 출간 파티를 하면서 못다 한 코끼리 M의 황금 나선 이야기를 계속 이어 나갔다.

부록

*

코끼리 M이 오늘을 사는 방법

오늘을 일생처럼, 순간을 영원처럼

현재 당신은 모든 것을 다 이루고 최고의 삶을 살고 있거나 아니면 모든 것이 엉망진창이고 살고 있는 하루하루가 고통으로 다가올 수도 있다. 그런데 어떤 상황이든 간에 우리 모두는 이 세상에 태어나서 누구나 죽음을 맞이하게 된다는 점에서 동일하다. 중요한 것은 생을 마감할 때 자신의 인생에 대해 '후회 없이 행복하고 의미 있게 삶을 살았노라'라고 스스로 평가를 내릴 수 있는 것이다. 충분히 만족스러운 삶을 살았다는 평가를 스스로 내리려면, 오늘을 일생처럼 순간을 영원처럼 살아야 한다.

오늘을 일생처럼 순간을 영원처럼 살기 위해서는 죽음이 시시각각 다가옴을 의식하면서 살 필요가 있다. 왜냐하면 매 순간 죽음을 의식하는 사람만이 삶의 매 순간을 소중하게 생각하고 진정한 '나'의 삶을 살 수 있기 때문이다. 이는 코끼리 M이 오늘을 사는 방법과 일치한다.

그럼 지금부터 코끼리 M에게서 더 멋진 오늘을 사는 방법에 대해 구체적으로 배워 보도록 하자.

달팽이 S의 '나'로 돌아가기 (Being)

매일 아침 기상할 때, '나'로 돌아가 자신의 정체성을 확인하면서 하루를 시작하는 것이 중요하다. 잠에서 깨어나는 것을 죽었다가 다시 살아나는 새로운 생명처럼 생각하고 모든 것이 리셋되거나 포맷된 상태로 돌아간다고 생각하면 이해하기 쉽다.

마음을 안정시킬 수 있는 호흡이나 명상, 그리고 기도 등을 통해 달팽이 S의 '나'라는 존재로 돌아가기를 진행한다. '나'는 달팽이 S가 이야기했던 정체성 지도를 말한다. 정체성 지도란 나와 연결되어 있는 시간과 공간을 초월한 보이는 것과 보이지 않는 모든 관계, 일과 사물, 습관과 생명을 말한다. 비록 완벽하지 않지만, 황금 나침판을 따라 당신의 삶 전체에 걸쳐 네 개의 영역에서의 모든 경험과 흔적, 그리고 생각들을 있는 그대로 적음으로써 완성된다.

새벽이 좋은 이유는 가던 발걸음을 멈출 필요도 없고 하던 일들을 내려놓을 필요도 없어 자신만의 조용한 시간을 갖기에 가장 적절한 시간이기 때문이다. 이른 새벽에 '나'라는 정체성 지도를 의식하면서 오늘의 황금 나침판을 작성하게 되면 오늘 만나게 될 모든 사람과 하는 모든 일들이 가능한 당신 삶의 궁극적인 목표, 그리고 존재와 일치하도록 하는 데 도움이 된다.

'나'로 돌아가기 과정을 극적으로 단순화한 것이 '나'와 하이 파이브 또는 '나'에게 엄지척을 하는 것이다. 오늘을 살다 보면, 누구나 자신이 가던 길에서 벗어나 길을 잃고 방황하거나 헤맬 때가 많다. 그런 느낌이나 생각이 들기 시작할 때 당신은 언제 어디서든지 하이 파이브 또는 엄지척을 하면서 '나'로 돌아올 수 있게 된다. 즉 당신이 계속 가야 할 황금 나선이라는 지속 가능한 성장의 그 길로 돌아오는 것이다.

여우 F의 마음으로 보기 (Seeing)

당신만의 정체성 지도에서 여우 F의 '마음으로 보기'가 바로 관계적 영역이다. 모든 사람은 '나'를 중심으로 복잡한 관계망을 갖고 있다. 관계적 시각에서 '나'를 바라보면 모든 것이 관계가 된다. '나' 자신과의 관계뿐 아니라 가족, 친구, 낯선 사람과 같은 사회적 관계, 자연과 세상에 존재하는 모든 사물과의 관계, 그리고 초월적인 존재와의 관계까지 말이다.

모든 관계가 다 중요하지만, 황금 나침판에서 가장 중요한 질문은 '오늘 나에게 가장 중요한 관계는 누구인가?'이다. 이 질문에 대해 '나'의 정체성 지도를 참고하여 답하고 기록하면 된다.

자신과 관계를 맺고 있는 모든 대상 가운데 오늘 당신의 마음을 움직이는, 그리고 당신을 가장 필요로 하는 관계가 누구인지를 알아야 한다. 이 부분에서 '공감'과 '연민'도 도움이 될 수 있지만, 더 중요한 것은 '나'의 정체성 지도를 기반으로 하는 마음으로 보기가 더 중요하다.

인생 전반에 걸쳐 당신에게 중요한 사람들은 많지만, 이 질문은 '오늘이 마지막 날이라면 당신에게 가장 중요한 사람이 누구인가?'라는 질문이다. 결국 '지금, 여기에서 당신에게 가장 중요한 사람이 누구인가?'라는 질문으로 이어지는데 궁극적으로 당신의 존재 이유와 행복을 결정지을 수 있는 그 관계를 위해 할 수 있는 좋은 일을 지금, 현재, 여기에서 바로 실천하는 것이다.

호랑이 T의 행동으로 하나 되기 (Doing)

관계와 일은 서로 긴밀하게 연결되어 있다. 의미 있는 관계를 위하여 의미 있는 일을 하는 것이 여우 F의 영역이라면, 의미 있는 일을 통해 의미 있는 관계를 만들어 나가는 것은 호랑이 T의 영역이다.

당신의 행복을 결정지을 수 있는 가족 또는 친구들을 포함한 감정적 영역보다는 당신의 가치와 의미를 결정지을 수 있는 직업 또는 사명과 관련된 일의 영역이다. 횡적인 관계로만 '나'를 정의하기보다는 종적으로 당신이 하고 있는 일(사업)을 통해 가치를 창출함으로써 '종횡생의(縱橫生意)'하기 위함이다. *사업(Business)을 중국어로는 생의(生意, Create Meaning)라고 한다.

오늘 당신이 하게 될 일들을 '나'의 정체성 지도를 기반으로 비중과 우선순위를 부여하고 중요성과 긴급성이라는 경중완급의 기준으로 적시적소에 배정할 필요가 있다. 그리고 이 많은 일 중에 '오늘 나에게 가장 중요한 일은 무엇인가?'라는 물음에 답하고 그 일을 가장 적합한 때를 선택하여 일정에 배정하고 실천하여 행동으로 하나 되기를 실현하는 것이다.

여우 F의 횡적인 관계에서 의미를 창출하는 것과 호랑이 T의 종적인 일을 통해 가치를 창출하는 것은 본질적으로 하나이다. 관계와 일 사이의 보다 풍부한 내용은 호랑이 T의 '행동으로 하나 되기'에서 자세히 다루고 있으니 참고하길 바란다.

흰토끼 R의 루틴으로 들어가기 (Routinizing)

첫 번째 영역이나 두 번째 영역 중에 습관으로 발전시킬 수 있는 행동들은 따로 구분하여 관리할 필요가 있다. 작지만 현명한 행동들은 꾸준하게 일정 기간 동안 견지하여 당신의 핵심 습관으로 만들 필요가 있다.

예를 들어, 황금 나침판의 성장 일기 쓰기, 글쓰기, 물 많이 마시기, 아침형 인간 되기 등 당신의 '나'라는 정체성 지도에 부합하는 핵심 습관들을 이 영역에 적어서 관리할 수 있다. 21일 정도 꾸준히 견지하다 보면 당신은 자신도 모르는 사이에 그 습관이 이미 형성되어 당신 삶의 일부분이 되어 있는 모습을 발견하게 될 것이다.

이렇게 형성된 핵심 습관들은 당신만의 작은 황금 나선인 사회적 유전자들이다. '루틴으로 들어가기'를 통해 형성한 이 습관들은 당신이 핵심 습관 리스트에 훈장처럼 기록하고 항상 업데이트하면서 '나'라는 존재를 대표하는 습관들로 관리할 수 있다.

벌써 보이지 않는가? 벽에 걸려 있는 수많은 훈장들을 보면서 흐뭇하게 웃는 당신의 모습을….

나비 B의 전환하며 성장하기 (Transforming)

나비 B의 '전환하며 성장하기'에서는 생명을 몸, 마음, 영혼이라는 세 개의 영역으로 나눴다. 본인이 꾸준하게 할 수 있는 운동, 마음을 단련할 수 있는 독서와 엔터테인먼트, 그리고 영혼을 새롭게 하는 성품과 덕목의 형성까지 모두 나비 B의 전환하며 성장하기에 속한다. 전환하며 성장하기는 육체적 운동과 마음의 단련, 그리고 영혼의 성장에 이르기까지 자신의 관계, 행동, 그리고 습관에 대해 성찰하고 개선할 수

기초와 무한한 가능성을 제공한다.

개인의 경험을 돌이켜 보면, 루틴으로 들어가기를 통해 핵심 습관이 형성되면 일반적으로 당신은 자신이 원하는 목적지에 도착하게 되어 있다. 매일 글쓰기 습관이 있다면, 언젠가는 그 글들을 모아서 책으로 출판하기도 하고, 매일 운동하는 습관을 형성했다면 다이어트 목표를 달성하는 것도 시간문제이다. 극히 드문 경우이지만, 핵심 습관을 형성했음에도 불구하고 원했던 목표를 달성하지 못하는 경우도 종종 발생한다. 중요한 것은 그동안 성공과 실패라고 여겨 왔던 것들에 연연하지 않는 태도가 중요하다. 목표를 이뤘다면 그곳에서 안주하지 않고 목표를 이루지 못했다면 무엇이 문제인지를 살펴보는 것이 중요하다. 필요할 경우, 이미 만들어진 핵심 습관을 깨고 '나'라는 정체성 지도를 기반으로 새로운 핵심 습관을 만들어 나가는 전환하며 성장하기를 할 수 있어야 한다.

이른 새벽에 '나'라는 정체성 지도를 기반으로 정해진 네 가지 영역에서의 행동 목표들을 하루 일정에 때에 맞춰 적절하게 배치하고 실행한다. 사람마다 자신만의 독특한 생체 시계가 있겠지만, 대부분의 경우 행동과 습관과 같은 효율성을 강조하는 일정들은 가능한 오후와 저녁에 배정하고, 관계와 성장과 관련된 효과성을 강조하는 일정들은 주로 아침이나 밤에 배정한다. 특히 전환하며 성장하기의 중요한 일환이기도 한 오늘 하루를 돌이켜 보는 과정은 주로 밤에 잠들기 전에 진행한다. 기적 같은 새벽을 시작하는 것이 중요하지만, 하루를 어떻게 미무리 짓는가도 똑같이 중요하다. 주요 결과(Key Results)를 통해 행동 목표(Objective)의 완성 상황을 구체적으로 평가한다. 그리고 어떠한 하루를 보냈던 간에 당신은 오늘 '나'에게 발생했던 모든 일들을 있는 그대로 받아들이고 "난 또 하나의 멋진 하루를 보냈고 이와 같은 하루를 갖게 된 것에 대해 감사한다!"라는 고백을 하면서 잠자리에 든다.

마치 당신이 일생을 마감할 때 "난 충분히 멋진 인생을 보냈고 이와 같은 인생을 갖게 된 것에 대해 감사한다!"라는 고백을 할 수 있는 것처럼 매일 연습할 수 있다. 이 대목에서 당신은 오늘을 일생처럼 보낸다는 구체적인 의미를 깨달을 수 있을 것이다. 다음 날 다시 눈을 뜨지 못하더라도 나는 충분히 멋진 인생을 보냈기 때문에 아무런 후회와 미련도 없이 인생을 마무리할 수 있기 때문이다. 하지만, 우리는 다음날 또다시 눈을 뜨게 된다는 것을 잘 안다. 시작이 끝이고, 끝이 새로운 시작이기 때문이다. 새로운 아침이 되면 황금 나선의

'나'라는 정체성 지도로 돌아가 다시 오늘의 황금 나침판 작성을 통해 새로운 하루를 시작하면 된다.

'황금 나침판'의 다양한 주기들

하루를 마지막 날처럼 살기 위해 소개한 황금 나선이라는 존재 패턴과 성장 법칙은 1년 주기로 인생 전반에 관한 궁극적인 차원의 내용들, 1주일 주기로 단기 목표 차원의 내용들, 그리고 1일 주기로 또는 매일 수준에서의 내용들을 중심으로 다양하게 기록할 수 있다.

새해를 맞이하면서 1년 단위로 네 가지 영역에서 자신의 궁극적인 관계, 일(사업), 핵심 습관, 생명(몸, 마음, 영혼)에 대한 목표들에 대해 정리할 수 있다. 궁극적인 목표를 정하면 가장 좋겠지만, 아직 없다면 장단기적인 자신의 목표를 기준으로 생각해도 괜찮다. 어떤 측면에서는 1년 단위의 황금 나침판이 달팽이 S가 가르친 '정체성 지도' 역할을 현실적으로 하게 된다. 자신의 성장 단계에 가장 적합한 주기와 리듬을 스스로 찾아가는 것이 가장 중요하다.

1년 단위로 당신 삶의 장기적 목표들을 정리하게 되면,

매일 정하는 영역은 주로 '마음으로 보기'와 '행동으로 하나되기' 두 영역밖에 없다. '루틴으로 들어가기'는 습관의 형성 주기인 3주 단위로 관리하는 것을 권장한다. 그리고 '전환하며 성장하기'의 성품과 관련된 내용들은 1주일 단위로 관리하는 것이 좋다. 예를 들어, 황금 나침판이라는 성장 일기 쓰는 습관의 형성은 흰토끼의 루틴으로 들어가기에 적고 3주 단위로 체크하고 관리할 수 있다. 또 벤저민 프랭클린의 13가지 덕목(절제, 침묵, 규율, 결단, 절약, 근면, 성실, 정의, 중용, 청결, 평정, 순결, 겸손)과 함께 이 책의 13가지 인생 문제들(부록 참조)을 매주 단위로 하나씩 적고 체크하고 관리하게 되면 1년 4계절처럼 네 번의 주기를 형성할 수 있다. 덕목 또는 가치에 대해서는 당신이 직접 13개를 선택하고 개발하여 사용해도 좋다. **황금 나침반은 궁극적으로 하나의 사고방식이기에 기계적으로 이 틀을 따르는 것보다 언제, 어디서나 유기적으로 이 사고 패턴을 유연하게 적용하는 것이 더 중요하다는 점을 꼭 명심하기 바란다.**

그럼 '지금, 여기'에서 당신의 첫 번째 오늘의 황금 나침판 성장 일기를 써 보기 바란다. 이 작은 습관이 당신의 생각과 운명을 바꾸는 황금 나비의 작은 날갯짓이 될 것이다!

코끼리 M과 13개 인생 문제들

Φ 달팽이의 '나'로 돌아가기 (Being)

'나'는 누구인가?

1 여우의 마음으로 보기 (Seeing)

'나'는 왜 살고 있는가?

'나'의 시간을 어떻게 관리할 것인가?

'나'의 삶의 원동력은 무엇인가?

2 호랑이의 행동으로 하나 되기 (Doing)

지행합일이란?

꿈인가 생시인가?

선과 악의 기준은?

3 토끼의 루틴으로 들어가기 (Routinizing)

무엇이 '나'의 생각과 행동을 결정하는가?

'나'의 핵심 습관은 무엇인가?

지금, 여기에서 이 순간을 어떻게 살 것인가?

∞ 나비처럼 전환하며 성장하기 (Transforming)

전환적 성장의 조건은 무엇인가?

지속 가능한 성장의 길은 어디에?

나와 '나'는 어떻게 연결되는가?

"세상 모든 것에 감탄하는 지혜로운 사람들의 공간"
도서출판 호밀밭

코끼리 M의 이야기 지속 가능한 성장의 길을 찾아서
ⓒ 2023, 황명호

지은이	황명호
초판 1쇄	2023년 1월 11일
편집	임명선 책임편집, 민지영, 박정오
디자인	박규비 책임디자인, 전혜정, 최효선
일러스트	박규비
미디어	전유현
경영전략	김태희, 최민영
마케팅	최문섭
종이	세종페이퍼
제작	영신사
펴낸이	장현정
펴낸곳	호밀밭
등록	2008년 11월 12일(제338-2008-6호)
주소	부산광역시 수영구 연수로 357번길 17-8
전화, 팩스	051-751-8001, 0505-510-4675
전자우편	homilbooks@naver.com

Published in Korea by Homilbooks Publishing Co, Busan.
Registration No. 338-2008-6.
First press export edition January, 2023.

Author Huang Minghao
ISBN 979-11-6826-090-0   03190